JN137773

食の方程式

たまごブック

たまご
×
ワタナベマキ
＝
ソース

卵は、料理をおいしくするソースです。

卵ほど、身近な食材はないと思います。

アメリカ、アジア、ヨーロッパ……。どこに出かけても、卵料理に出合います。

ハワイでは必ずといっていいほど食べるエッグベネディクト。台湾の平べったい卵焼き。

フランスで食べるスフレ。日本の卵かけごはん……。

どの料理も、それぞれの国でたくさんの人に食べられ、愛されているものばかり。

この本を作るにあたり、卵をどのように表現するのがよいのか、とても悩みました。
調理法によって、形も味わいも、その都度変わるからです。
生卵を溶きほぐして素材にからめれば、衣になる。だし汁と合わせて蒸せば、ふるふると固まってそれ自体が主役に。合わせる素材同士をまとめる役目もあり、料理にコクを出してくれる……etc.
主役にもなるし、縁の下の力持ち的存在にもなる。いろいろな使い方がありすぎて、その役割を一つに絞ることが難しかったのです。あまりにも身近な存在すぎたこともあるかもしれません。
じっくり考えた末に出した答えは
卵＝ソース
でした。

卵1つでも油や水分を加えることでまろやかになり、素材を組み合わせれば全体をまとめる役目を担う……。そうだ、卵は料理をおいしくするソースなのだ！　このキーワードが見つかってから、メニューがどんどん浮かんできました。

ただ単に「卵料理の本」としてだけではなく、卵がソースとしていかに組み合わせる素材を生かしているかにも注目して、この本の料理を作っていただけたら嬉しく思います。

ちなみに私の卵料理ナンバーワンは、漬け卵！　漬け卵さえあれば、野菜も肉もごはんも麺も、何でもおいしく食べられちゃいます。

ワタナベマキ

CONTENTS

たまご1つ、あったなら

PART.1 野菜×たまごソース

たまごサンドブック

PART.2
肉 × たまごソース

PART.3
魚介 × たまごソース

たまごおやつブック

PART.4
ごはん めん × たまごソース

たまご小事典

● いろいろな卵

完全栄養食品といわれるほど、パワーを秘めている卵。
いつものおなじみから、なかなか珍しい品種までをご紹介します。

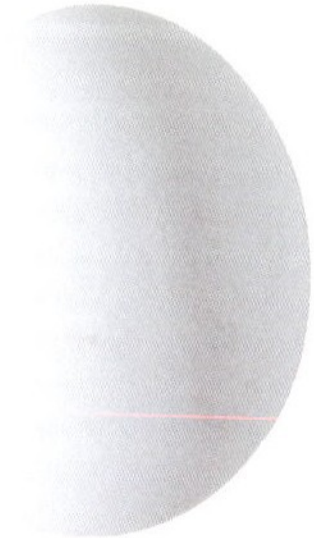

初卵

鶏は生後140日前後から卵を産み始めるが、その鶏が産み始めてから約３週間以内に産んだ卵のこと。小ぶりだが、卵黄は弾力があって濃厚。

一般的な卵

赤玉（左）、白玉（右）。
主に白玉はレグホーン種、赤玉はロード・アイランドレッド種が産む卵。
赤玉、白玉に栄養価の違いはない。

さくら卵（左）、もみじ卵（右）

純国産の鶏「さくら」と「もみじ」から生まれた、「さくら卵」「もみじ卵」。「さくら卵」は殻がさくら色をしているのが特徴。割ると卵は薄い黄色。「もみじ卵」は褐色で、いわゆる赤玉。

アローカナ

南アメリカ、チリ産の鶏「アローカナ」。黄身が大きくしっかりしていて、味はコクがある。別名「幸せの青い卵」。卵特有の匂いが少なく、一般の卵よりもレシチン、ビタミンB群、ビタミンEが多いのも特徴。

黒《くろ》翡《ひ》翠《すい》

烏骨鶏の黒鶏とアローカナの黒鶏の交配種「黒翡翠鶏」から生まれた卵。黄身が大きく、とろりと濃厚なのが特徴。亜鉛、セレン、ヨウ素、カルシウムが豊富。

うずら卵

小粒にもかかわらず、鶏卵よりもビタミンA、ビタミンB群が豊富。割るときは、先端をナイフで切りとるとよい。

ピータン（皮蛋）

あひるの卵の加工品。塩、灰、土などを混ぜた泥状のものを塗るタイプと、生石灰と炭酸ナトリウムを合わせたアルカリ水に漬ける2タイプがある。卵白部分は茶色のゼリー状に、卵黄部分はねっとりして独特な香りになる。うずらのピータンもある。

たまごのトリセツ

● 保存方法

とがっているほうを下にして冷蔵庫に保存する。というのも、逆側の丸いほうには気室という空気の穴があり、そこから呼吸をしているために長持ちし、傷みにくくなる。また、卵の殻には菌がついていることがあるため、他の食品に移さないようパックごと冷蔵庫の卵置き場に保存したほうがよい。

● たまごの構造

卵は、外側から、卵殻、卵殻膜、卵白、卵黄で構成されています。それぞれのしくみは次のとおり。

卵黄（黄身）
中心の黄色い部分。色の濃い層と薄い層が交互に複数の層になっている。

卵白（白身）
生のときは透明、加熱すると白くなる。濃厚卵白は割ったときに盛り上がるところ。卵黄を守り、支えている。カラザが濃厚卵白内にのび、卵黄を中心に保つ役目をしている。

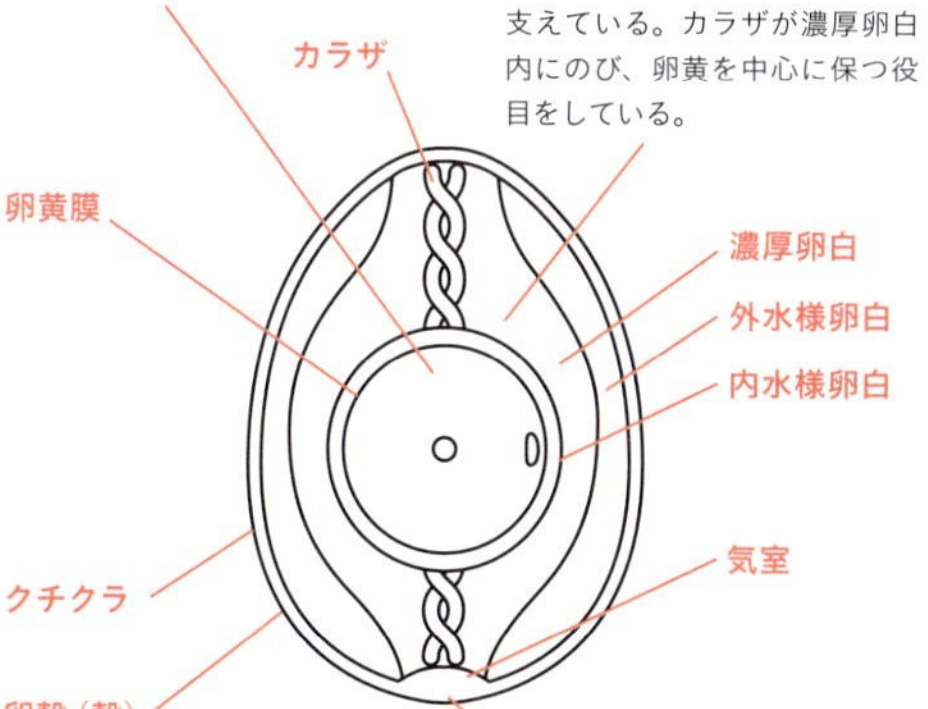

卵殻（殻）
細かい穴がたくさんあり、呼吸や水分調節をしている。表面のザラザラしたところがクチクラで、細菌の侵入を防ぐ。

卵殻膜
殻の内側の2枚の膜。細菌の侵入を防ぐ役目。膜の間にあるのが気室で、古くなると大きくなる。

● 栄養

ビタミンCと食物繊維を除く、ほぼすべての栄養素を含む。必須アミノ酸をバランスよく含む良質のたんぱく質、たんぱく質が体内で代謝されるときに必要なビタミンB_6を共に含む。また、良質の脂肪と脂肪を代謝する際に必要なビタミンB_2の両方を含む。卵黄に含まれるレシチンは、血中コレステロール値を下げ、老化防止にも効果的とか。中医学では、卵黄は不足している体液や血液を補い、体を潤す効果があるといわれる。虚弱体質の改善、不眠、喉の渇きなどにも有効とも。

● 選び方

殻だけで判別することは難しい。賞味期限の表示が義務付けられるようになったので、商品の回転が早い店で日付を確認して購入することをおすすめ。ちなみに賞味期限は、生で食べる場合の期限表示。

たまごの便利グッズ

エッグタイマー

失敗なく、好みの加減にゆで卵が作れるタイマー。卵と一緒に湯の中に入れると色が変わり、ゆで加減を教えてくれる。

卵の穴開け器

卵の丸いほうにある気室に穴を開けることで、殻をむきやすくする道具。穴開け器にのせて押しつけると簡単に穴が開く。

ゆで卵切り器

ゆで卵をきれいに切るための道具。黄身が包丁や白身にくっついてしまうことなく、気持ちよく切れる。

たまごの人気料理のルーツ

目玉焼き 最初に作った人は定かではないが、1653年に出版された『フランスの料理人』という料理書に、「タマゴの鏡焼き、クリーム入り」として目玉焼きの作り方が紹介されている。

マヨネーズ 1756年にフランス軍がスペイン領のミノルカ島の都市、マオンを占領した祝いの宴席用レシピとして、リシュリュー公爵アルマン・ジャン・デュ・プレシーのお抱え料理人が考案したというのが定説。アメリカに持ち込んだのは、1905年にニューヨークでデリカテッセンを開業した、ドイツ系の移民リチャード・ヘルマンとされる。

エッグベネディクト アメリカの高級レストラン「デルモニコス」のシェフ、チャールズ・ランホーファーが1860年代に考案。当時、店の顧客だったル・グラン・ベネディクト夫人のために作ったという。

スパゲッティ・カルボナーラ 1944年、第二次世界大戦末期にローマの料理人が、アメリカから支給されたベーコンと粉末状の卵をパスタと組み合わせて作ったのが始まり。

世界のたまごの呼び方

- 英語 … egg（エッグ）
- フランス語 … œuf（ウフ）
- ドイツ語 … Ei（アイ）
- スペイン語 … huevo（ウエボ）
- イタリア語 … uovo（ウオーヴァ）
- 中国語 … 鸡蛋（ジーダン）

たまごの疑問あれこれ

Q 卵は1日に1個しか食べちゃいけないの？

A コレステロールが多いことからそういわれていたこともあるが、血中のコレステロール値と食品から摂取するコレステロールは関係が低いことが証明されている。高血圧や糖尿病でないかぎり、1日10個くらいまでなら食べても大丈夫。

Q 無精卵と有精卵で、栄養価は違うの？

A 有精卵は雄と交配した雌鳥から生まれた卵。ただし、栄養価は無精卵とは変わらない。一般的に売られている卵のほとんどが無精卵。

Q 白玉より赤玉のほうが、栄養価は高いの？

A 白玉と赤玉で栄養価は変わらない。赤玉の値段が高いのは、赤玉を産む親鳥はエサを多く食べるのに産卵率が低い種類が多いため。卵黄の色が濃い＝栄養価が高い、というのも間違いで、エサにカロテノイド系の色素が多いパプリカなどを混ぜると、卵黄の色が濃くなる。

Q 卵の新鮮さを知るには？

A 割ってみて確認する。新しいものは、卵白の中の卵黄を守って支えている濃厚卵白が、盛り上がっていて横に広がらない。時間がたつと濃厚卵白が粘り気を失って水様卵白に変化するため、盛り上がりが少なくなって横に広がってくる。
水に入れて確認する方法もある。新しい卵は沈んで真横になる。古くなると水分が蒸発して比重が軽くなるため、水に浮く。気室に空気が集まるために気室を上にして斜めになり、さらに古くなると垂直になる。

Q 卵に旬はあるの？

A 旬はない。ただし、人間同様、鶏も夏はバテ気味。そのため、過ごしやすい10〜4月に産んだ卵のほうが良質とされる。

Q 卵の表面には菌がたくさんついているから、洗ったほうがよい？

A 洗うのはNG。殻の表面のクチクラ層が剥がれてしまい、殻から菌が侵入しやすくなる。

Q ゆで卵にしたほうが、生卵よりも日持ちしますか？

A じつは生卵のほうが長持ち。というのは、白身には細菌を分解する酵素のリゾチームが含まれているが、ゆでるとこのリゾチームの働きが消滅してしまうため。

目玉焼きとゆで卵

目玉焼きもゆで卵も、好みが大きく分かれます。目玉焼きなら白身をカリカリにしたものが好きな人もいれば、黄身の半熟加減にこだわる人も……。ゆで卵もしかり。さて、あなたの好みはどれですか？

目玉焼き

白身はふっくら、黄身が半熟の目玉焼き（右）

1. 卵は小さなボウルなどに割り入れる。
2. 小さいフライパンに好みの油小さじ1を熱し（軽く熱する程度でよい)、ボウルから静かに卵を落とす。
3. フライパンの周りから水¼カップを加え、蓋をして約3分焼く。火加減はずっと中火。固めの黄身が好みの場合は、もう少し長めに焼く。

白身はカリカリ、黄身がとろとろの目玉焼き（左）

1. 卵は小さなボウルなどに割り入れる。
2. 小さなフライパンに好みの油小さじ2を熱し（手をかざして、しっかり熱くなっていることを確認)、ボウルから静かに卵を落とす。
3. 蓋をしないで白身が好みのカリカリ加減になるまで、ひたすら焼く。火加減はずっと中火。さらにカリカリにしたい場合は、油の量を増やすとよい。

ゆで卵

1. 卵は冷蔵庫から出しておき、常温にもどす。生の卵のお尻側（丸いほう）に専用の穴開け器や針などで穴を開ける。
2. 鍋に熱湯を沸かして塩少々を入れ、卵を1個ずつお玉などにのせ、そっと湯に入れる。熱湯は卵がかぶるくらいの量。塩には卵白を凝固させる働きがあるため、早く固まり、殻にひびが入っていても卵白が流れ出るのを防ぐ。
3. 黄身が中心になるよう、最初の1〜2分は菜箸で卵を転がしながらゆでる。
4. 好みの加減にゆでる。写真は左から、熱湯に入れてから6分ゆで、8分ゆで、13分ゆで。
5. すぐに冷水にとって急冷し、殻にヒビを入れて殻をむく。

白身：カリカリ／黄身：とろとろ

白身：ふっくら／黄身：半熟

6分

8分

13分

この本の使い方

・小さじ1＝5mℓ、大さじ1＝15mℓ、1カップ＝200mℓです。
・野菜の「洗う」「ヘタをとる」「皮をむく」などは基本的に省略してあります。
・レシピ上の「しょうゆ」は濃口しょうゆ、「小麦粉」は薄力粉、砂糖は「上白糖」、バターは特に記載のない限り「有塩バター」のことです。
・「だし汁」は、昆布や削り節、煮干しなど好みの材料でとったものです。
・オーブンを使用する場合は、表示の温度に予熱してから使用してください。
・オーブンなどの調理器具は、取扱説明書をよく読んで正しくお使いください。また機種により違いがあります。

たまご1つ、あったなら

1つあれば何かしらの料理が完成し、お腹も満たしてくれる。 調理法を選ばず、形も変幻自在な卵はキッチンの救世主です。なかでも、私の“ 好き ”を詰め込んだ「卵1つ料理」を紹介します。

スクランブルエッグ

溶きほぐした卵を湯煎にかけると、ホテルで食べるようなとろとろ半熟のスクランブルエッグになります。ボウルを通して湯の熱が入るので、直接火を通すよりもゆっくりとやわらかく火が通る。そのため、とろとろの半熟状に仕上がるのです。なめらかな口当たりは、一度味わったらクセになります。

作り方（2人分）❶ 卵1個をボウルに割り入れ、溶きほぐす。ボウルは熱伝導のよい金属製のものがおすすめ。❷ ボウルよりも少し口径の小さい鍋に熱湯を沸かし、①のボウルをのせ、泡立て器でゆっくりと混ぜながら中火にかけて火を通す。❸ 卵の縁が半熟になったら湯からボウルを外し、混ぜ続けながらバター10gと塩ひとつまみを加えてなじませる。器に盛り、好みでバターをのせる。

卵サラダ

何かにプラスしたらボリューム出しにもなるゆで卵は、それだけでも立派なサラダになります。おいしく作るコツは、やはり卵のゆで方。常温にもどした卵を水からではなく、熱湯からゆでます。新鮮な卵は水からゆでると殻がむきにくいことが多いのですが、熱湯からならつるりとむけます。

作り方（2人分）❶ 卵2個は常温にもどし、塩ひとつまみを入れた熱湯にそっと入れ、約8分ゆでて冷水にとる。❷ ①の殻をむき、水けを拭いて3cm角に切る。❸ ボウルに②、レモン汁、オリーブ油各大さじ1⅓、塩小さじ½を加えてなじませ、粗びき黒こしょう少々を振る。

チュルブル

熱湯に殻から出した卵を入れてゆでるポーチドエッグは、かろうじて固まっている白身からとろりとした黄身が登場するのが魅力。このとろり感を生かし、ヨーグルトとにんにくのソースをたっぷりかけるのが、トルコ料理の「チュルブル」。溶け出した黄身とヨーグルトが一緒になり、クリーミーなのにさっぱり。

作り方（2人分）❶ P.34の作り方①を参照し、ポーチドエッグを2つ作って器に盛る。❷ プレーンヨーグルト、オリーブ油各大さじ2、おろしにんにく⅔かけ分、塩小さじ½を混ぜ合わせ、①にかけ、あればコリアンダーパウダー少々を振る。

ウフ・マヨ

ゆで卵にマヨネーズをかけた料理、「ウフ・マヨ」。とってもシンプルですが、一度食べたら忘れられないフランスのビストロの定番料理です。これを作るなら、マヨネーズはぜひ手作りのものを。卵同士ではありますが、ここまで相性がいいとは！とびっくりします。ワインと一緒なら、おいしさ倍増。

作り方（2人分）❶ 卵2個は常温にもどし、塩ひとつまみを入れた熱湯にそっと入れ、約6分ゆでて冷水にとる。殻をむき、水けを拭いて器に盛る。❷ P.34の作り方②を参照してマヨネーズを作り、パルミジャーノ・レッジャーノ（またはパルメザンチーズ）小さじ1を加えて混ぜる。①にかけ、刻んだタイム（生）、粗びき黒こしょうを振る。

卵豆腐

卵は溶きほぐして液体を加えて蒸すと、独特の食感になります。プルンと少し弾力があり、口の中に入れるとつるりと喉を通る。茶碗蒸しやプリンの、みんなが好きなあの舌触りです。今回はだし汁を加えて四角く形作り、「卵豆腐」にしてみました。だしがふわりと香り、とても上品です。

作り方（作りやすい分量）❶ 卵4個を溶きほぐし、だし汁1½カップを加えてよく混ぜる。細かい目のざるで濾し、薄口しょうゆ小さじ2を加えてさらに混ぜる。❷ ①を流し缶やバットなどに流し入れ、表面の泡をとり除く。❸ 蒸気の上がった蒸し器に入れ、強火で約3分、弱火にして25〜30分蒸す。食べやすく切り、だし汁少々をかけ、ゆずの皮をそぎとってのせる。

錦《にしき》卵《たまご》

卵の特徴の一つにその鮮やかな色がありますが、色も楽しむ最たる料理といえるのが、この「錦卵」。ゆで卵を黄身と白身に分け、それぞれ濾して味つけし、重ねて蒸します。少し手間はかかりますが、この美しさを思えば何のその。お節《せち》料理として昔から日本に伝わる卵料理の一つです。

作り方（12×13cmの流し缶 1個分） ❶ 熱湯から11分ゆでた卵6個を白身と黄身に分ける。❷ 白身はざるで裏濾しして砂糖大さじ2½、片栗粉小さじ½、塩ひとつまみを混ぜ、黄身は砂糖大さじ1、片栗粉小さじ½、塩ひとつまみを混ぜて裏濾しする。❸ 流し缶に白身を平らに敷き、黄身の半量を平らに入れてスプーンなどで押さえ、残りの黄身はふんわりのせ、蒸気の上がった蒸し器に入れて強火で約7分蒸す。

漬け卵

実は私が一番好きな卵料理が、漬け卵。ゆで卵を作ってそれぞれの味に漬け込むだけ、と作り方はいたって簡単なのですが、食べ始めるとついついもう1つと手が伸びます。作っておけば、おつまみにもお弁当のおかずにも。冷蔵庫の中に何かしらの漬け卵があると思うと、それだけで安心します。

作り方（作りやすい分量）❶ 卵は常温にもどし、塩ひとつまみを入れた熱湯にそっと入れ、約8分ゆで冷水にとる。❷ 殻をむいて水けを拭き、好みの漬け汁に半日ほど漬けて、味をなじませる。

※左の各漬け汁は、ゆで卵2個分の分量。

A **ナンプラーレモン味：**ナンプラー大さじ3、レモン汁大さじ2、レモンスライス1枚を合わせる。B **カレーしょうゆ味：**小鍋にカレー粉小さじ1、しょうゆ大さじ2、酢、みりん各大さじ1、水70mℓ、にんにく½かけを入れて中火にかけ、煮立ったら火を止め、粗熱をとる。C **オイスターソース味：**小鍋に黒酢、紹興酒（または酒）各大さじ1、オイスターソース大さじ2、八角2個を入れて中火にかけ、煮立ったら火を止め、粗熱をとる。D **ビーツ味：**ビーツ100gは皮をむいて2cm角に切る。鍋に入れ、白ワインビネガー大さじ2、白ワイン¼カップ、水1カップ、塩小さじ⅔、ローリエ1枚を入れて中火にかける。煮立ったら弱火にして約10分煮る。火を止め、粗熱をとる。E **ウスターソース味：**ウスターソース大さじ4、粗びき黒こしょうを混ぜる。F **ごまじょうゆ味：**しょうゆ大さじ3、白いりごま大さじ2を混ぜる。

焼きメレンゲ

卵黄と卵白に分けて料理にする場合もたくさんあります。卵白で作る料理でおすすめなのが、ほのかに甘い焼きメレンゲ。卵白をツノが立つくらいまで泡立て、グラニュー糖を加えてオーブンで焼きます。カリッとして口の中でほろほろと崩れます。マヨネーズなどを作り、卵白が残ってしまったときにも。

作り方(2人分) ❶ 卵白1個分にグラニュー糖(卵白と同量のグラム分)を入れ、ハンドミキサーなどで攪拌する。❷ ①が白っぽくなってきたらグラニュー糖を①で加えた分と同量をさらに加え、ツノが立つまでしっかりと泡立てる。❸ オーブンの天板にオーブンシートを敷き、②をスプーンですくって置き、120℃に温めたオーブンで約70分焼く。

PART.1

野菜

×

たまごソース

野菜が卵をまとうとボリュームがぐんと増します。サブ料理がメイン料理に昇格するような、そんなイメージ。みずみずしい生野菜もゆでたほっこり野菜も、卵を合わせるとコクがプラスされて濃厚になります。なかでも大好きな塩卵を刻んだソースは、ちょっとびっくりするほどのおいしさです。

01 ゴーヤの塩卵炒め

（作り方28ページ）

02 塩卵とじゃがいものサラダ

（作り方30ページ）

03 かぼちゃと塩卵のフリッター

（作り方31ページ）

01

ゴーヤの塩卵炒め

今、私が凝っているのが塩卵。中国でよく作られる保存食で、ゆで卵を塩水に漬けて作ります。白身は弾力感が出て、黄身はコクやまったり感に塩けが加わって独特な濃厚さに変化します。炒め物に使うと、具材というより〝いい味のもと〟になります。

塩卵の作り方

① 卵は常温にもどし、塩ひとつまみを入れた熱湯に入れ、好みの加減にゆで（10ページ参照）、冷水にとって殻をむきます。

② ポリ袋に①のゆで卵、卵の5％の塩水（卵が50グラムの場合、水は50mℓ、塩2・5グラム＝小さじ1/2）を入れて口を閉じ、冷蔵庫で一晩漬けます。ゆで卵が漬け汁から出ないようにし、袋の口を止めて真空状態に近くすると早く漬かります。

※漬け汁に漬けたまま、冷蔵庫で1週間は保存可能。

材料（2人分）

塩卵（上段参照）　1個
ゴーヤ　1本（250グラム）
しょうが（せん切り）　1かけ
ごま油、紹興酒（または酒）　各大さじ1

作り方

① ゴーヤは縦半分に切り、スプーンで種とワタをとり除き、5ミリ厚さに切ります。水に3分さらし（a）、キッチンペーパーで水けを拭きとります。ゴーヤの種とワタは苦みが強いのでとり除き、さらに水にさらして苦みをとります。水にさらすのには、ゴーヤをパリッとした歯ごたえにする効果もあります。

② 塩卵は粗めのみじん切りにします（b）。

③ フライパンにごま油を入れて強めの中火で熱し、①、しょうがを入れて焼きつけるようにさっと炒めます（c）。

④ 油がなじんだら紹興酒を加えて炒め合わせ、ゴーヤに透明感が出てきたら②を加えてからめるように炒め合わせます（d）。塩卵に塩けとコクがあるので、味つけは紹興酒と塩卵だけで十分です。

a

b

c

d

02 塩卵とじゃがいものサラダ

卵はじゃがいもと相性抜群ですが、塩卵もとてもよく合います。それぞれのおいしさをストレートに味わうため、他に具材は入れません。

材料（2人分）

塩卵（28ページ） 1個
じゃがいも 2個
タラゴン（生・あれば） 2本
オリーブ油 大さじ1½
粗びき黒こしょう 少々

作り方

❶ じゃがいもはタワシでよく洗い、皮つきのまま十字の切り目を入れます。蒸気の上がった蒸し器に入れ、強火で25〜30分蒸します。竹串がスーッと通るくらいになったら、熱いうちに皮をむき、ボウルに入れてフォークなどで粗くつぶします。じゃがいもはゆでてもいいですが、蒸したほうがホクホクに仕上がります。

❷ 塩卵は①に加えてフォークでつぶしながらあえます（a）。

❸ ②にオリーブ油を加えてあえ（b）、器に盛って粗びき黒こしょうと粗く刻んだタラゴンを振ります。

03

かぼちゃと塩卵のフリッター

塩卵をフリッターの衣にするのは、台湾で知ったアイデア。コクと味わいが増し、野菜でも食べ応え十分です。塩卵は油にハネやすいので、必ずしっかりつぶして。

材料（2人分）

塩卵（28ページ） 1個

かぼちゃ 250グラム

小麦粉 適量

衣［小麦粉 ½カップ、重曹 小さじ⅓、水 100〜120㎖］

揚げ油 適量

作り方

1. 塩卵はフォークかすりこぎでペースト状になるまですりつぶします（a）。つぶし方が足りないと、油に入れたときにハネる恐れがあるので、しっかりとつぶしてください。
2. かぼちゃは皮つきのまま2・5センチ角に切り、小麦粉を薄くまぶします。
3. ボウルに衣の小麦粉、重曹、①を入れて混ぜ、分量の水を少しずつ加え、とろりとした衣にします（b）。
4. 揚げ油を170℃に熱し、②に③をまとわせて入れ、きつね色になるまで揚げます。

a

b

04 ポーチドエッグと香菜のサラダ

（作り方34ページ）

05

香菜のピータンあえ

（作り方35ページ）

04
ポーチドエッグと香菜のサラダ

のせるだけで野菜がごちそうになる、ポーチドエッグ。くずしてからめ、野菜のソースにします。手作りマヨネーズをかけたら、卵好きにはたまらない一品に。

材料（2人分）

卵　1個
香菜　8本
バジル（生）　12枚
酢（ポーチドエッグ用）　大さじ1
◎マヨネーズ（作りやすい分量）
［卵黄　1個分、塩　小さじ1/4、酢　小さじ2、サラダ油　1カップ］
A［牛乳　大さじ1、コリアンダーパウダー　小さじ1/3、塩　小さじ1/4、オリーブ油　大さじ1/2］
コリアンダーパウダー　少々

作り方

1 ポーチドエッグを作ります。卵は小さいボウルに割り入れます。小鍋に湯を沸かして酢を入れ、菜箸でぐるぐると湯を回して渦を作り、渦の中に卵をするりと落とし入れ、散らばった白身を菜箸で軽くまとめながらゆでます（a）。酢を加えるのは、白身を固める性質があるため。約1分したら、網じゃくしなどですくい上げ、水けをきります。

2 マヨネーズを作ります。ボウルに卵黄、塩、酢小さじ1を入れ、泡立て器でもったりするまで混ぜます。サラダ油を少しずつ加えながら混ぜて（b）乳化させていき、油が半分ほど入ったら、残りの酢小さじ1を入れて混ぜ、再度サラダ油を少しずつ加えて混ぜます。

3 香菜、バジルはざく切りにして器に盛り、①をのせます。②の大さじ1とAを混ぜて回しかけ、コリアンダーパウダーを振ります。

a

b

＊マヨネーズの残りは保存容器に入れて冷蔵庫で保存。日持ちは1～2日。分離がNGのサイン。マヨネーズは市販のものでも。

05

香菜のピータンあえ

黄身がねっとり濃厚なピータン。個性的な味わいなので、同じくクセの強い香菜と相性がいいようです。香菜はバサッとたっぷりのせ、よく混ぜて食べてください。

a

b

材料（2人分）

ピータン　2個
香菜　10本
セロリの葉　6枚
A［ナンプラー・黒酢　各小さじ2、ごま油、白いりごま　各大さじ1］

作り方

1. ピータンは殻をむき、2チセン角に切ります。ピータンはアヒルの卵に灰や塩などを混ぜたものを塗り、もみ殻をまぶして貯蔵したもの。表面のもみ殻と泥を洗い流して水けを拭き、ゆで卵同様に殻をむいて使います（a）。
2. ①をボウルに入れ、Aを加えて混ぜ合わせます。まず、ピータンに味をつけて、味つきピータンを作っておくのです。
3. 香菜、セロリの葉はざく切りにし、器に盛った②にのせます。食べるときはよく混ぜます（b）。

06 なすのオープンオムレツ

（作り方38ページ）

06 なすのオープンオムレツ

半熟卵としっかりと香ばしく焼いたなすが口の中で溶け合い、ハーブの香りが広がるオムレツです。オープンオムレツは、片面を焼くだけなので意外なほど手軽。気をつけるべきは、卵は火の通りが早いので、すべての材料を準備してから焼き始めること。

材料（2人分）

卵　3個
なす　2本
オリーブ油　大さじ3
塩　少々
A［牛乳　大さじ2、塩　少々］
ディル（生）　3枝
コンテチーズ（または好みのチーズ）　60グラム
粗びき黒こしょう　少々

作り方

1 ディルは粗く刻みます。なすはヘタをとって縦に7〜8ミリ厚さに切り、水にさっとさらしてキッチンペーパーで水けを拭きます。なすは切ってから放置すると変色するので、加熱直前に切り、水にさっとさらします。チーズは1・5センチ角に切ります。

2 フライパンにオリーブ油大さじ2を熱し、なすを入れてあまり動かさずに、両面に焼き色がつくまで中火で焼きます（a）。なすは油と相性がよく、多めの油で火を通すことで甘味も出ます。くたくたになったら、塩を振ってとり出します。

3 ボウルに卵を溶きほぐし、Aを加えて混ぜます。

4 ②のフライパンにオリーブ油大さじ1を中火で熱し、③を一気に流し入れます（b）。卵の縁がプクッと膨れてきたら、菜箸で手早くかき混ぜます（c）。半熟状になったら②をのせ（d）、すぐに火を止めます。片面だけ焼けばOK。

5 器に④の焼き面を下にして盛り、チーズ、ディルをのせ、粗びき黒こしょうを振ります。

a

b

c

d

07
オムレツのズッキーニソテーがけ

（作り方42ページ）

08 アボカドカルボナーラ

（作り方43ページ）

07 オムレツのズッキーニソテーがけ

ソテーしてホクホクッとしたズッキーニが、とろ〜り卵のアクセント。頬張ると、お互いが相手を包み込むソースになるのが面白いところです。

材料（2人分）

◎オムレツ
［卵　6個、塩　少々、オリーブ油　大さじ1、バター　20グラム］

◎ズッキーニのソテー
［ズッキーニ（1センチ角に切る）　大1本、にんにく（つぶす）　1/2かけ、オリーブ油　少々、白ワイン　2/3カップ、塩　小さじ1/3］

粗びき黒こしょう　少々

作り方

1　ズッキーニのソテーを作ります。フライパンにオリーブ油、にんにくを入れて中火で炒め、香りが出てきたらズッキーニを入れて炒めます。しんなりしたら白ワインを加え、煮立ったら弱火にし、蓋をしてときどきヘラで混ぜながら約7分煮て、塩で調味してとり出します。

a

b

2　オムレツの準備。ボウルに卵を割り入れ、塩を加え、菜箸で白身をすくい上げて切り、菜箸をボウルの底にこすりつけるように前後に動かして、泡立てないようにほぐします。

3　1人分ずつ焼きます。小さいフライパンにオリーブ油大さじ1/2を中火で熱し、バター10グラムを入れます。バターが溶けたら2の半量を流し入れ、ヘラで大きく混ぜて半熟状にします。フライパンを向こう側に傾けて手前の卵を中心に向かってかぶせます（a）。次にフライパンを手前に傾けて手前に返し（b）、形を整えます。器に盛り、1、粗びき黒こしょうをかけます。

08 アボカドカルボナーラ

パスタの代わりに野菜で作るカルボナーラ。アボカドは火を通すとよりねっとりクリーミーになり、卵としっくりとなじんで格別な味わいになります。

材料（2人分）

- 卵　1個
- アボカド　1個
- マッシュルーム　5個
- パルミジャーノ・レッジャーノ（またはパルメザンチーズ）　30グラム
- オリーブ油　大さじ1
- 白ワイン　大さじ1
- 塩　小さじ1/4
- 粗びき黒こしょう、イタリアンパセリ（生・ざく切り）　各適量
- 好みのパン　適量

作り方

1. ボウルに卵を溶きほぐし、チーズを削り入れ（a）、よく混ぜます。
2. アボカドは皮と種をとり除いて3チセン角に、マッシュルームは石づきを落とし、4等分に。
3. フライパンにオリーブ油を中火で熱し、②を入れて焼きます。焼き色がついたら、白ワインを加えてなじませ、塩で調味します。
4. ③が熱いうちに①に加え（b）、手早くあえます。卵は具材の余熱だけで火を通します。
5. 器に盛り、粗びき黒こしょうを振り、イタリアンパセリをのせます。パンを添えて。

a

b

09 トマト卵炒め

（作り方46ページ）

10 切り干し大根の卵焼き

（作り方47ページ）

09

トマト卵炒め

トマトと、その酸味をマイルドにする卵は抜群の相性。卵のふんわり感がおいしさを決めるので、いったんとり出し、仕上げに戻し入れて手早く混ぜます。

a

b

材料（2人分）

卵　2個
トマト　大2個
長ねぎ　1/3本
しょうが（せん切り）　1かけ
ごま油　大さじ2＋少々
紹興酒（または酒）　大さじ2
しょうゆ　大さじ1
塩　少々

作り方

1. トマトは8等分のくし形切りに、長ねぎは斜め薄切りにします。卵は溶きほぐします。
2. フライパンにごま油大さじ2を入れて中火にかけ、アツアツになったら卵を一気に入れます。多めの油に一気に入れることで、卵の縁がプクッと膨れて花が咲いたようになります。そうしたら大きく混ぜて半熟状になるよう火を通し、ボウルなどにとり出します（a）。油の量が少ないと卵がふんわりと仕上がりません。
3. ②のフライパンにごま油少々を足し、しょうが、①のトマトと長ねぎを入れ、強火でさっと炒めます。香りが出てきたら紹興酒、しょうゆを加えて炒め合わせます。
4. 全体がなじんだら②をもどし入れ（b）、大きく炒め合わせて塩を振ります。

10

切り干し大根の卵焼き

切り干し大根のコリコリとした歯ごたえがおいしい卵焼き。本場の台湾で食べてからというもの何度も作り、今ではわが家の定番になりました。

材料（2人分）

卵　3個
切り干し大根（乾燥）　30グラム
長ねぎ　½本
しょうが（みじん切り）　1かけ
紹興酒（または酒）　大さじ2
塩　小さじ⅓
ごま油　大さじ2
A［黒酢・しょうゆ　各大さじ1］
一味唐辛子　少々

作り方

1. 切り干し大根はたっぷりの水につけてもどし、2センチ幅に切ります（a）。シャキシャキ感を残したいので、もどしすぎに注意。5分程度でOKです。長ねぎは粗みじん切りにします。
2. 卵を溶きほぐし、①、しょうが、紹興酒、塩を加えて混ぜ合わせます。
3. フライパンにごま油を熱し、②を流し入れて中火で約6分焼きます。こんがりとした焼き色がついたのを確認して返し、弱火にして約4分焼きます。返すときは、まな板など平らなものをかぶせてひっくり返してとり出し、スライドさせるようにしてフライパンに戻し入れる（b）といいでしょう。
4. 器に盛り、混ぜ合わせたAを食べる直前にかけ、一味唐辛子を振ります。

a

b

11 ホワイトアスパラガスの揚げ玉ソース

（作り方50ページ）

12 トマトエッグマサラ

（作り方51ページ）

11 ホワイトアスパラガスの揚げ玉ソース

ホワイトアスパラはフランスでは春を告げる野菜。ほのかな甘味とほろ苦さが魅力で、買わずにはいられません。揚げ玉をソースにし、おいしさを堪能。

材料（2人分）

卵　2個
ホワイトアスパラガス　6〜8本
白ワイン　¼カップ
塩　小さじ1
オリーブ油　大さじ3
粗びき黒こしょう　少々

作り方

1. ホワイトアスパラガスは根元を落とし、皮が筋っぽいのでピーラーなどでむきます。
2. フライパンに①を入れ、白ワイン、かぶるくらいの水（分量外）、塩を加えて中火にかけます。煮立ったら弱めの中火にし、蓋をして約12分ゆでて（a）そのまま冷まします。ホワイトアスパラガスをゆでるコツは、たっぷりの水ではなく、かぶるくらいの水でゆでることと湯の中で冷ますこと。うまみが極力逃げないように水を少なくし、冷ましながら水に出てしまったうまみを再びアスパラガスに戻すのです。
3. 小さいフライパンにオリーブ油を熱して卵を割り入れ、白身がカリッとなるまで中火で揚げ焼きにします。スプーンなどで油をかけながら、表面をカリカリにします（b）。
4. 器に②を盛り、③をのせて粗びき黒こしょうを振り、くずしながら食べます。

12

トマトエッグマサラ

マサラはスパイスのこと。数種のマサラを使い、トマト味のさらりとした煮物にしました。ゆで卵は豪快に丸ごと入れますが、くずしながら食べるのがおすすめ。

材料（2人分）

固ゆで卵　2個
鶏もも肉　350グラム
玉ねぎ　1個
トマトの水煮（ホール缶）　1缶（400グラム）
にんにく（粗みじん切り）　1かけ
小麦粉　大さじ2
A［カルダモンパウダー　小さじ1/2、クミンパウダー・コリアンダーパウダー　各小さじ1］
オリーブ油　大さじ1
白ワイン　2/3カップ
塩　小さじ1
バター　20グラム
チャパティ（市販・あれば）　適宜

作り方

1. 鶏肉は余分な脂をとり除き、好みで皮をとって食べやすい大きさに切り、小麦粉をまぶします。玉ねぎは縦半分に切り、縦に2センチ幅に切ります。トマトの水煮はざるなどで濾し、なめらかにします。ゆで卵は殻をむきます。
2. 鍋に**A**、にんにく、オリーブ油を入れて、中火で炒めます。スパイスやにんにくは炒めることで香りが引き出されるので、しっかり炒めます（**a**）。そこに鶏肉を入れ、表面に焼き色をつけます。皮つきの場合は皮目を下にして焼きつけ、焼き色がついたら返して肉面にも焼き目をつけます。
3. 玉ねぎを加えてさっと炒め、白ワイン、トマトの水煮を加えて煮ます。煮立ったらアクをとり、蓋をして弱火で約15分煮て、塩、バター、ゆで卵を加えてなじませます。ゆで卵が温まったら煮上がり。
4. 器に盛り、あればチャパティなどを添えます。

a

13 きのこのキッシュ

（作り方54ページ）

13

きのこのキッシュ

どこを食べてもきのこたっぷりのキッシュです。きのことサクサクの生地をつなぐのが、卵液。固まっていながらも、口の中でソースの役目をしてくれます。

材料（15センチ型1台分）

◎具材

マッシュルーム　6個

しめじ　80グラム

玉ねぎ　½個

オリーブ油　小さじ2

オレガノ　小さじ2

塩、こしょう　各少々

シュレッドチーズ　80グラム

◎キッシュ生地

［無塩バター　70グラム、小麦粉　200グラム］

A［溶き卵（大さじ2をとり分けておく）　1個分、水大さじ3、塩　小さじ¼］

◎アパレイユ（卵液）

［卵　3個、白ワイン　¼カップ、生クリーム½カップ、塩　小さじ1、粗びき黒こしょう少々］

準備

・キッシュ生地のバターは2センチ角に切り、冷蔵庫で冷やしておく

・キッシュ生地のAは混ぜ合わせ、冷蔵庫で冷やしておく

作り方

① 具材の準備をします。マッシュルームは石づきを落として縦薄切りにし、しめじは石づきを落としてバラバラにします。玉ねぎは縦に薄切りにします。中火でオリーブ油を熱したフライパンで炒め、しんなりしたらオレガノ、塩、こしょうを振って調味し、粗熱をとります。

② キッシュ生地を作ります。ボウルに小麦粉、冷やしておいたバターを入れ、両手の指先でバターをつぶしながら小麦粉とすり合わせます（a）。パルメザンチーズのようになったら（b）、冷蔵庫で冷やしておいたAを少しずつ加え、こねないように手早く混ぜ（c）、ひとまとめにします（d）。粉っぽさがなくなり、全体がまとまればOK。ラップで包み、約1時間冷蔵庫で冷やします。

③ ②の生地をまな板などにのせ、めん棒で厚さ6～7ミリ、型の大きさの1・5倍に伸ばします。生地を型にすき間がないように貼りつけ、型からはみ出た部分はめん棒を転がして切りとり（e）、底面にフォークで数カ所穴を開け、とり分けておいた溶き卵を全体に塗ります。

④ ③にオーブンシートを敷いて、パイストーンをのせ、200℃に温めたオーブンで15分焼きます。パイストーンがない場合は、乾燥豆などでも。

⑤ アパレイユを作ります。ボウルに卵を溶きほぐし、残りの材料を混ぜ合わせます。

⑥ ④の粗熱がとれたらオーブンシートごとパイストーンをとり除き、①を入れて⑤を注ぎ、チーズをのせて、180℃に温めておいたオーブンで約40分焼きます。

d

e

14 卵とレモンと野菜のスープ

卵とレモン、鶏ガラスープで作るトルコのスープ。レモンの酸味とセロリの香りがさわやかでありながら、穏やかな味わいなのは卵のおかげです。

材料（2人分）

卵　1個
玉ねぎ　1/3個
セロリの葉　2枚
A［鶏ガラスープ＊　2カップ、白ワイン（または酒）大さじ2、ローリエ　1枚］
塩　小さじ1/3
レモン汁　大さじ2
オリーブ油　適量
レモンの皮　少々

作り方

1. 玉ねぎは縦薄切りに、セロリの葉は粗く刻みます。
2. 鍋にA、玉ねぎを入れて中火にかけ、煮立ったらごく弱火にして6分ほど煮て、塩を加えます。
3. ボウルに卵を割りほぐし、レモン汁を加え、泡立て器でよく混ぜ合わせます。②に少しずつ加えながら混ぜ、煮立つ直前で火を止めます。
4. 器に③を盛り、オリーブ油、セロリの葉、レモンの皮を散らします。

＊鶏ガラスープ：鍋に水５カップ、手羽先５本を入れて中火にかけ、煮立ったらアクをとり、弱火にして約 15 分煮て冷ましたもの。または熱湯２カップに市販の鶏ガラスープ小さじ1/2を溶かしてもよい。

"TAMAGO" SANDWICH BOOK

たまごサンドブック

ゆで卵、スクランブルエッグ、卵焼き……。
卵料理はどれも、パンとも相性ばっちり。
だからでしょうか。日本だけでなく、いろいろな国に卵サンドがあります。
好みではさむパンの種類を変えたら、組み合わせ自由自在。
毎日食べても飽きない、卵サンドばかり！

材料（2人分）

食パン（8枚切り）　4枚

固ゆで卵　3個

マヨネーズ　大さじ2

塩　小さじ¼

粗びき黒こしょう　少々

ディジョンマスタード＊　大さじ2

＊ディジョンマスタード：フランスのブルゴーニュ地方・ディジョンで作られたのがはじまりの黄唐辛子と黒唐辛子で作られるマスタード。口当たりなめらかなのが特徴。

ゆで卵サンド

オーソドックスなゆで卵のサンドイッチです。このサンドには、厚めのふわふわ食パンがおすすめ。マヨネーズであえたゆで卵をたっぷりとはさみましょう。

作り方

1. ボウルにゆで卵を入れ、フォークなどで白身が7～8mm大になるようつぶし、マヨネーズ、塩、粗びき黒こしょうを加えて混ぜる。
2. 食パンにマスタードを塗り、①をのせ、もう1枚の食パンではさむ。上から軽く重石などをして約10分おき、よくなじませてから切る。

スクランブルエッグのオープンサンド

湯煎で作る、ホテルメイド風の
スクランブルエッグはディル入り。
香りがよく、ちょっとした贅沢感も味わえます。
これには絶対、酸味のあるパン！

鍋の湯にボウルの底をつけながら、泡立て器で卵をたえず混ぜると、ゆっくりと火が入ってとろとろに！

材料（2人分）

黒パン（薄切り）　2枚
卵　2個
ディル（生）　3枚
塩　小さじ¼
バター　10g
オリーブ油　小さじ2
粗びき黒こしょう　少々

作り方

1. ボウルに卵を溶きほぐし、塩、粗く刻んだディルを入れて混ぜる。沸騰した熱湯入りの鍋にボウルごとのせ（鍋はボウルよりも少し口径の小さいものを使う）、泡立て器で混ぜながら中火の湯煎で火を通す。縁が半熟状になったら火から外し、混ぜ続けながらバター、オリーブ油を加えてなじませる。
2. パンは軽く焼き、①をのせ、粗びき黒こしょうを振る。

だし巻き卵サンド

ちまたで人気のだし巻き卵サンド。
だし巻き卵とパン!? と最初は疑心暗鬼でしたが、
食べてみると驚くほど合います。
マスタードではなく、和がらしをパンに塗ると
味のなじみがよくなります。
だし巻き卵は、卵1つに対し
だし汁大さじ1と覚えておきましょう。

表面が乾かないうちに、手前に巻き込む。

よく熱した卵焼き器に卵液お玉1杯分を入れ、全体に広げる。

材料（2人分）

食パン（8枚切り） 4枚
卵 4個
A
- だし汁 大さじ4
- 酒 小さじ1
- しょうゆ 小さじ½
- てんさい糖＊（または砂糖） 小さじ¼
- 塩 小さじ¼

太白ごま油（またはサラダ油） 大さじ1程度
練りがらし 少々

＊てんさい糖：さとう大根（ビート）が原料。まろやかで上品な甘さが特徴。

作り方

1. ボウルに卵を割り入れ、Aを加え、白身を菜箸ですくい上げて切り、菜箸をボウルの底にこすりつけるように前後に動かして、泡立てないようにほぐす。
2. 卵焼き器に太白ごま油を中火で熱し、余分な油をキッチンペーパーで拭きとる。①をお玉1杯分ほど流し入れて全体に広げ、表面が乾ききらないうちに奥から手前に巻き込み、向こう側にずらす。空いたスペースに再度キッチンペーパーで油を塗り、卵液を再び同じくらい加えて手前に巻く。同様に焼いて巻くを繰り返して焼き、粗熱をとる。菜箸とフライ返しなどを使いながら巻くとよい。
3. 好みで食パンの耳を切り落とし、練りがらしを塗って②をのせてはさむ。

卵を流し、焼いた卵を持ち上げてその下にも卵液を流す。

焼いた卵を向こう側にスライドさせ、手前の空いたところにキッチンペーパーで油を塗る。

台湾風卵焼きサンド

ねぎや干しえび入り卵焼きのサンドイッチは、
台湾の人の大好きな朝ごはんです。
本場ではパイ生地風のパンに
はさんだものもよく見かけます。

材料（2人分）

万頭　2個
卵　2個
干しえび　8g
細ねぎ　2本
A
しょうが（みじん切り）　1かけ
紹興酒（または酒）　小さじ2
ナンプラー　小さじ1
ごま油　大さじ1

作り方

1. 細ねぎは2cm長さに切る。
2. ボウルに卵を割りほぐし、干しえび、①、Aを入れて混ぜる。
3. 小さいフライパンにごま油を中火で熱し、②を流し入れて平らに広げ、両面に焼き色がつくまで焼く。返すときは、まな板などをかぶせてひっくり返してとり出し、スライドさせてフライパンに戻すと簡単。
4. ③を半分に切り、2つ折りにして万頭にはさむ。

材料（2人分）

バゲット　⅓本
卵　2個
にんじん　⅓本
大根　10cm
青唐辛子　1本
香菜　6本
塩　小さじ⅓
A
　ナンプラー　小さじ1
　酢　小さじ2
　てんさい糖＊（または砂糖）　小さじ½
ごま油　大さじ1＋少々

＊てんさい糖：さとう大根（ビート）が原料。
まろやかで上品な甘さが特徴。

作り方

1 にんじん、大根は細切りにし、塩を加えてしんなりするまでもみ、約5分おいて出てきた水分を絞る。Aを混ぜ合わせたものに漬ける。
2 青唐辛子は縦半分に切り、香菜はざく切りにする。
3 ボウルに卵を割りほぐす。ごま油を熱したフライパンに流し入れて平らに広げ、両面に焼き色がつくまで焼く。
4 バゲットの厚みに深い切り目を入れ、切り口にごま油を塗って軽くトーストする。
5 ④の切り目に汁けをきった①、③、②を順にはさむ。

卵焼きのバインミー

バインミーとは、ベトナムのフランスパンを使ったサンドイッチ。なますに卵焼きをプラスして、ボリュームアップさせました。
パンにはごま油を塗って、
軽くトーストするとおいしいです。

目玉焼きのホットサンド

ホットサンドは、寝坊した朝のお助けマン的存在。
ギュッと押さえるので、食べやすさも抜群です。
目玉焼き、ハム、チーズは間違いなしの
テッパントリオ。

材料（2人分）

食パン（6枚切り） 4枚
卵 2個
ロースハム 2枚
エメンタールチーズ（またはスライスチーズ）
40g
オリーブ油 小さじ1
塩・粗びき黒こしょう 各少々

作り方

1. フライパンにオリーブ油を熱し、卵を割り入れて半熟の目玉焼きを作り、塩、粗びき黒こしょうを振る。
2. パンに①、ロースハム、チーズを重ねてはさみ、ホットサンドメーカーにのせ、両面に焼き色をつける。ホットサンドメーカーがない場合は、フライパンに具をはさんだパンをのせ、蓋などでギューッと押しても。

ホットサンドメーカーがあれば、具をはさんだパンをのせ、蓋をして焼くだけ。

PART.2

肉
×
たまごソース

肉のおかずは大好きだけれど、茶色くてどうしても少し地味な印象になりがち。そこに、卵の元気カラーがプラスされるととにかく食欲をそそる料理に早変わり。これはもう理屈抜き！　そのままでも十分おいしいけれど、肉料理は卵のおかげで味わいもリッチになります。

15 卵と豚肉の梅ウーロン茶煮

（作り方68ページ）

15

卵と豚肉の梅ウーロン茶煮

油脂を乳化させる作用のあるウーロン茶、肉をやわらかくする効果のある梅干しを使って、豚肉をとろとろに煮上げます。もう一つの主役である半熟ゆで卵は、そのまま食べるのはもちろんですが、とろりとした黄身を少し煮汁に溶かしながら食べるのもまたおいしいものです。

材料（2人分）

卵　2個
豚肩ロースかたまり肉　400グラム
長ねぎ　½本
しょうが　1かけ
梅干し　2個
塩　小さじ⅔
ごま油　小さじ1
ウーロン茶　2½カップ
紹興酒（または酒）　80mℓ

作り方

1 豚肉は常温にもどし、塩をよくすり込みます（a）。長ねぎは5センチ長さに切ります。しょうがは皮の近くがもっとも香りが強いので、皮つきのまま薄切りにします。

2 鍋にごま油を熱し、豚肉を入れて中火で表面に焼き色をつけます（b）。豚肉はかたまりのまま作ることで、うまみが逃げません。表面を焼きつけるのも、表面を焼き固めてうまみを逃がさないため。

3 ②に梅干し、しょうが、長ねぎ、ウーロン茶、紹興酒を加え（c）、煮立ったらアクをとり（d）、蓋をして弱火で約50分煮ます。

4 卵は常温にもどし、沸騰した湯に入れて約7分ゆでて冷水にとり、殻をむいて③に加えてさっとからめる程度に火を入れます。

5 豚肉がやわらかくなったらとり出し、食べやすい大きさに切って器に盛ります。ゆで卵を半分に切って添え、煮汁をかけます。

a

b

c

d

16 れんこんつくねの卵黄添え

（作り方72ページ）

17 牛肉と九条ねぎの卵とじ

（作り方73ページ）

16 れんこんつくねの卵黄添え

卵黄をつけて食べるつくねのおいしいこと！ 甘辛味をしっかりからめたつくねが、卵をからめるとマイルドかつよりリッチな味わいになります。

材料（2人分）

◎つくね
- 鶏ひき肉（もも肉） 200グラム
- れんこん 150グラム
- 長ねぎ 1/4本
- 卵 1個
- 片栗粉 大さじ2
- 酒、しょうゆ 各大さじ1

- ごま油 小さじ2
- A［みりん・しょうゆ 各大さじ1］
- スプラウト（ブロッコリーなど） 適量
- 卵黄 1個

作り方

1. れんこんは皮をむいて1センチ角に切り、さっと水にさらして水けをキッチンペーパーで拭きます。長ねぎはみじん切りにします。
2. ボウルにつくねの材料を入れ（a）、粘りが出るまでよく練り混ぜます（b）。4等分にして丸め、ハンバーグを作るときのように軽く両手で投げて空気を抜き、楕円形に形作ります。
3. フライパンにごま油を熱し、②を入れて中火で焼きます。焼き色がついたら返し、蓋をして弱火で約7分焼いて中まで火を通します。
4. ③にAを加え、鍋を揺すりながら全体に煮からめます。器に盛り、スプラウトと卵黄を添え、つけて食べます。

17 牛肉と九条ねぎの卵とじ

おいしさの決め手は、仕上げにたっぷりと加えた九条ねぎ。長ねぎや細ねぎとも違う、やわらかな口当たりとやさしい甘味が、牛肉と卵の味を引き立てます。

材料（2人分）
牛ロース薄切り肉　200g
九条ねぎ　4本
卵　2個
だし汁　2カップ
酒・みりん　各大さじ1
しょうゆ　大さじ2
七味唐辛子　少々

作り方
1 牛肉は大きいものは食べやすい大きさに切ります。九条ねぎは1・5cm幅の小口切りにします。卵は溶きほぐします。
2 鍋にだし汁、酒、みりんを入れて中火にかけ、煮立ったら牛肉を加え、アクをとりながら煮ます。
3 肉の色が変わったらしょうゆを加え、約3分煮たら卵を外側から内側へと回し入れ（a）、蓋をしてさらに2分煮ます。卵の火の通し加減はお好みで。
4 九条ねぎを加え（b）、さっと煮て七味唐辛子を振ります。

18 ミガス

（作り方76ページ）

19 卵とひき肉のオーブン焼き

（作り方77ページ）

18

ミガス

残ったパンで作るスペイン料理です。料理名はスペイン語の「パンくず」から。こんがりと焼き色がつくまで焼きつけると、香ばしさが加わっておいしくなります。

材料（2人分）

卵　1個
玉ねぎ　½個
ソーセージ　4本
ズッキーニ　½本
ミニトマト　6個
フランスパン　20センチ
にんにく（つぶす）　1かけ
オリーブ油　大さじ2½
白ワイン　大さじ2
塩　小さじ½
タバスコ　適量
粗びき黒こしょう　少々

作り方

① 玉ねぎ、ソーセージ、ズッキーニは1センチ角に切り、ミニトマトはヘタをとります。フランスパンは3センチ角に切ります。

② フライパンににんにく、オリーブ油大さじ2を入れて中火で炒め、香りが出てきたら①のフランスパン以外を加えてさらに炒めます。玉ねぎが透き通ってきたら白ワインを注ぎ、フランスパンを加えて焼き色をつけるように炒め合わせ（a）、野菜から出た水分を吸わせます。塩、タバスコを加えて調味します（b）。

③ 小さいフライパンにオリーブ油大さじ½を熱し、卵を割り入れて半熟の目玉焼きを作ります。私はこの料理にはふっくら白身と半熟の黄身にしたいので、蓋をして3分ほど焼きます。

④ 器に②を盛り、③をのせ、粗びき黒こしょうを振ります。

a

b

19 卵とひき肉のオーブン焼き

みんなが好きな卵とひき肉の組み合わせ。ゆで卵は固ゆでにして薄めに切り、ひき肉はしっかり炒める。2つをクリアすれば、間違いなくおいしくできます。

材料（2人分）

固ゆで卵　3個
玉ねぎ　½個
セロリ　½本
牛ひき肉　300グラム
オリーブ油　大さじ1
A［白ワイン　¼カップ、塩　小さじ½、粗びき黒こしょう、ナツメグ　少々］
パルミジャーノ・レッジャーノ（またはパルメザンチーズ）　30グラム
粗びき黒こしょう　適量

作り方

1. 玉ねぎ、セロリはみじん切りにします。ゆで卵は殻をむいて薄めの輪切りにします。
2. フライパンにオリーブ油を熱し、玉ねぎ、セロリを入れて炒めます。透き通ってきたらひき肉を加えてさらに炒めます（a）。肉の色が変わったらAを加え、汁けがなくなるまで炒め合わせます。
3. 耐熱皿に②を入れ、ゆで卵をのせ、チーズを削りながら加え（b）、220℃に温めておいたオーブンで12分、表面に焼き色がつくまで焼きます。粗びき黒こしょうを振って。

20 ラム肉の焼きトマトシチュー

（作り方80ページ）

20 ラム肉の焼きトマトシチュー

例えるなら、ラム肉入りラタトゥイユ。まず、肉や野菜をしっかり炒めてうまみを引き出し、トマトの水分と白ワインだけで煮ます。それだけでも十分おいしいですが、卵を落としてオーブンで焼くため、さらに穏やかに熱が加わり、肉も野菜もふっくらやわらかくなります。

材料（2人分）

卵　2個
ラム肉　200グラム
玉ねぎ　½個
じゃがいも　2個
トマト　大1個
いんげん　6本
にんにく（つぶす）　1かけ
オリーブ油　小さじ2
白ワイン　80mℓ
塩　小さじ1
エメンタールチーズ（またはプロセスチーズ）　80グラム
粗びき黒こしょう　少々

作り方

1 玉ねぎ、じゃがいも、トマトは3センチ角に切り、いんげんは3センチ長さに切ります。ラム肉は3センチ角に切ります。

2 フライパンににんにく、オリーブ油を入れて中火で炒めます。香りが出てきたらラム肉を入れ、焼き色がつくまでしっかりと炒めます（a）。炒めることでラム肉の脂が出て臭みとりに。そこに甘味とうまみが出る玉ねぎ、火が通りにくいいんげんを入れて炒めます（b）。玉ねぎが透き通ってきたらじゃがいもを加え、表面が透き通るまでさらに炒めます。

3 ②にトマト、白ワインを加え（c）、煮立ったらアクをとり、蓋をして弱火で約12分煮て、塩で味を調えます。

4 耐熱皿に③を入れ、チーズをのせ、卵を割り入れて（d）220℃に温めておいたオーブンで約12分焼き、粗びき黒こしょうを振ります。

a

b

c

d

21 ひき肉の茶碗蒸し

(作り方84ページ)

22
うずら卵と手羽元の春雨煮込み

（作り方85ページ）

21 ひき肉の茶碗蒸し

中からひき肉が登場する、ごちそう感あふれる茶碗蒸しです。あんをかけると、つるりとした茶碗蒸しにとろり感が加わり、よりなめらか。

材料（2人分）

◎卵液
卵　4個
鶏ひき肉　150グラム
長ねぎ（みじん切り）　1/3本
ごま油　小さじ2
A［酒　小さじ2、塩　小さじ1/4］
だし汁　2 1/4カップ

◎あん
B［だし汁　80ml、しょうゆ　小さじ1、塩　ひとつまみ］
C［片栗粉　小さじ1、水　小さじ2］
青ゆず（あれば）　適宜

作り方

1. 卵液の具材を作ります。フライパンにごま油を熱し、長ねぎを入れて炒めます。香りが出てきたらひき肉を入れて炒め、Aを加えて全体に火を通し、火を止めて粗熱をとる。具材が熱いうちに卵液と混ぜると固まってしまうので、よく粗熱をとっておきます。
2. ボウルに卵を溶きほぐし、だし汁を加えて混ぜ合わせ、ざるで濾してなめらかにし、①を加えて混ぜます。
3. 耐熱の器に②を注ぎ入れ、蒸気の上がった蒸し器に入れて強火で約3分、弱火にして15〜20分蒸します。器を揺らして中心部が固まっていればでき上がり。これ以上蒸すとすが立つので注意しましょう。また、蒸し器がない場合は普通の鍋で蒸すことも可能。鍋に高さ1センチくらいまで熱湯を沸かして器を入れ、布巾で包んだ鍋蓋をずらしてのせて同じ時間蒸します。
4. あんを作ります。小鍋にBを入れて中火にかけ、煮立ったら混ぜ合わせたCの水溶き片栗粉を加えてとろみをつけます。とろみをつけるときは、煮汁をお玉などで回しているところに、水溶き片栗粉を加えるとうまくいきます。
5. 蒸し上がった③に④をかけ、あれば青ゆずをすりおろして散らします。

22 うずら卵と手羽元の春雨煮込み

うずら卵、骨つき鶏肉、春雨を黒酢で煮た料理は、わが家の定番。鶏肉から出たうまみを吸い込んだ春雨と、味のついたうずら卵が無性に好きなのです。

材料（2人分）

うずら卵　10個
手羽元　8本
春雨　60グラム
白菜　1/6個
しょうが（皮つきのまま薄切り）　1かけ
ごま油　大さじ1
A［紹興酒（または酒）　1/3カップ、水　2カップ、黒酢　1/4カップ］
B［オイスターソース　大さじ2、しょうゆ大さじ1、塩　小さじ1/3］

作り方

1 鍋にうずら卵を入れ、かぶるくらいの水、塩ひとつまみ（分量外）を加えて中火にかけます。煮立ってから2分ゆで、火を止めてそのまま5分おき、冷水にとって殻をむきます。うずら卵はお尻のほうから殻を割ると、むきやすいです。

2 春雨は熱湯に10分つけてもどします。白菜は長さを半分にし、繊維に沿って1センチ幅に切ります。

3 鍋にごま油を熱し、しょうがを入れて中火で炒めます。香りが出てきたら手羽元を加えて焼きつけます。焼きつけることで鶏肉特有の臭みがなくなります。鶏肉は好みの部位でいいのですが、骨つきはだしが出るので、手羽元や手羽先がおすすめです。

4 軽く焼き色がついたら春雨、白菜の芯、Aを加え、煮立ったらアクをとり、蓋をして弱火で約10分煮ます。B、白菜の葉、①を加え、さらに10分煮ます。

23
チキンのトマト煮込み ポーチドエッグのせ

（作り方88ページ）

24 焼きソーセージと焼き野菜のとろとろ卵のせ

(作り方89ページ)

23
チキンのトマト煮込み ポーチドエッグのせ

ポーチドエッグがなくても十分おいしいけれど、あるとより味わいが豊かに。はじめはそのまま、食べていくうちに卵をからめて、と楽しみ方も増えます。

材料（2人分）

卵　2個
鶏もも肉　350グラム
玉ねぎ　1個
にんにく（薄切り）　1かけ
小麦粉　適量
オリーブ油　大さじ1
白ワイン　1/4カップ
トマトの水煮（ホール缶）　1/2缶（200グラム）
トマトペースト　大さじ2
塩　小さじ2/3
バター　15グラム
酢（ポーチドエッグ用）　大さじ1
パセリ（みじん切り）　大さじ1
粗びき黒こしょう　少々

作り方

1. 玉ねぎは8等分のくし形に切ります。鶏肉は余分な脂をとり除き、好みで皮をとって半分に切り、小麦粉をまぶします。粉がうまみを閉じ込め、とろみにもなります。
2. 鍋ににんにく、オリーブ油を入れて中火で炒め、香りが出てきたら鶏肉を入れて焼きつけます。表面に焼き色がついたら、玉ねぎを加えてさらに炒めます。
3. 玉ねぎが透き通ってきたら、白ワイン、トマトの水煮をつぶしながら加えて煮ます。煮立ったら弱火にし、コク出しにトマトペーストを加え、蓋をして約10分煮ます。塩を加え、ときどき木ベラで混ぜながらさらに10分煮て、トマトの水分が飛んだらバターを溶かしてなじませます。
4. 34ページの作り方①を参照し、ポーチドエッグを作ります。
5. 器に③を盛って④を添え、パセリ、粗びき黒こしょうを振り、卵をくずしながら食べます。好みでパンを添え、オリーブ油をかけても。

24 焼きソーセージと焼き野菜のとろとろ卵のせ

塩けとうまみのあるケイパーを忍ばせた、とろとろのスクランブルエッグ。野菜やソーセージにとろりとかければ、とびきり立派なメインディッシュが完成です。

材料（2人分）

◎スクランブルエッグ
卵　2個
ケイパー（塩漬け）10粒
ソーセージ　4本
赤玉ねぎ　小2個
ピーマン（緑、赤）　各1個
にんにく（皮つき）　½個
オリーブ油　大さじ2
白ワイン　大さじ1
塩　少々
粗びき黒こしょう　適量

作り方

1 赤玉ねぎは横に2〜3等分に切ります。ピーマン2種は縦半分に切り、種とワタをとります。

2 グリルパンまたはフライパンにオリーブ油大さじ1を熱し、①、ソーセージ、にんにくをのせ、返しながら中火で焼きます。焼き色がついたら白ワイン、塩を振ります。

3 スクランブルエッグを作ります。ケイパーはさっと水洗いして塩を洗い流し、粗く刻みます。金属製のボウルに卵を溶きほぐしてケイパーを入れ、熱湯を沸かしている鍋にのせ、ヘラや泡立て器で混ぜながら中火で火を通します（a）。鍋が大きすぎて湯が多いと熱く混ぜにくいので、ボウルより一回り小さい口径の鍋にボウルの底が少しつくくらいの湯量が目安。湯が沸騰している状態を保ち、卵を入れたボウルを布巾などで押さえながら湯にかけるといいでしょう。半熟になったら火から外し、オリーブ油大さじ1を加えて混ぜます。

4 器に②を盛り、③をかけ、粗びき黒こしょうをたっぷりと振ります。

a

25 コンビーフエッグ

どこか郷愁を誘うコンビーフは、決まってこの料理に。少しカリッと炒めて、ふんわりと焼いた卵と一緒に食べます。仕上げには黒こしょうをたっぷりと。

材料（2人分）

卵　3個
コンビーフ（缶詰）　100グラム
玉ねぎ　1/2個
イタリアンパセリ（生）　2本
オリーブ油　大さじ1
白ワイン　大さじ1
塩　小さじ1/4
粗びき黒こしょう　少々

作り方

1. コンビーフは粗くほぐします。玉ねぎは2センチ角に切り、イタリアンパセリはざく切りにします。
2. フライパンにオリーブ油小さじ1を熱し、コンビーフ、玉ねぎを入れて炒めます。玉ねぎが透き通ってきたら白ワインを加え、汁けがなくなるまで炒めて塩を振り、端に寄せます。
3. ボウルに卵を溶きほぐします。②のフライパンの空いたスペースに残りのオリーブ油小さじ2を熱して卵を加え、大きく混ぜて半熟状にします。
4. 器に③を盛り合わせ、イタリアンパセリ、粗びき黒こしょうを振ります。

PART.3

魚介

×

たまごソース

タルタルソースや黄身酢など、卵を使った代表的なソースと相性がいいのが、魚介です。卵はボリューム出しにもなり、まろやかさが加わります。卵が、和洋中エスニック、どんなジャンルの料理とも相性がいいことを、あらためて実感するラインナップです。

26
めかじきのフライ
ディルタルタルソース

（作り方94ページ）

26 めかじきのフライ ディルタルタルソース

ゆで卵を刻んでマヨネーズとあえるタルタルソースは、卵を使ったソースの代表です。コルニッションの酸味と赤玉ねぎの辛味、それらのシャキシャキ感が加わり、味わいがアップ。フライの中でも魚介と相性抜群なので、えびフライやかきフライのときにも活躍させてください。

材料（2人分）

めかじき　2切れ（300グラム）
塩　少々
白ワイン　大さじ2
◎ディルタルタルソース
［ゆで卵　2個、コルニッション＊　2個、赤玉ねぎ　1/3個、マヨネーズ　大さじ2、レモン汁　大さじ1］
衣［小麦粉　大さじ1、溶き卵　1個分、パン粉　1/2カップ］
オリーブ油　適量
ディル（生）　適宜
粗びき黒こしょう　適量

作り方

1. めかじきは塩を振り、約10分おいて出てきた水けを拭きます（a）。水分には臭みも入っているのでキッチンペーパーできれいに拭きとるといいでしょう。その後、白ワインをからめて下味をつけます。
2. ディルタルタルソースを作ります。ゆで卵、コルニッションは粗く刻みます。赤玉ねぎは粗いみじん切りにし、水に3分さらして水けを拭きます（b）。ボウルに入れ、残りの材料を入れて混ぜます。
3. 衣のパン粉はジッパーつきポリ袋などに入れてめん棒で力を加え、細かくします（c）。①に小麦粉、溶き卵、パン粉の順に衣をまぶします。
4. フライパンにオリーブ油を高さ2センチほど入れて中火にかけ、170℃になったら③を入れます（d）。最初は触らずに表面がかたまってきたら、返しながらきつね色になるまで揚げ焼きにします。
5. 器に④を盛り、②をかけ、あればディルを添え、粗びき黒こしょうを振ります。

＊コルニッション：ヨーロッパ産の小ぶりのきゅうりのピクルス。コリコリの食感と酸味の強さが特徴。

a

b

c

d

27 えびと卵のチリソース

（作り方98ページ）

28 青菜のかに卵白あんかけ

(作り方99ページ)

27 えびと卵のチリソース

卵はえびを焼くときにからめてふわっとさせるとともにソースをからみやすくし、残りはチリソースに加えてソースの辛味をソフトにします。

材料（2人分）

えび（ブラックタイガーなど）　10尾
長ねぎ（みじん切り）　1/3本
しょうが（みじん切り）　1かけ
片栗粉　大さじ2

A［酒　大さじ1、しょうゆ　小さじ2、溶き卵　2個分］
ごま油　大さじ1 1/2＋少々
豆板醤　小さじ2/3
トマトケチャップ　大さじ2
鶏ガラスープ＊　1/2カップ
酒　大さじ1
酢　小さじ1
塩　小さじ1/3
B［片栗粉　小さじ2、水　大さじ1］

a

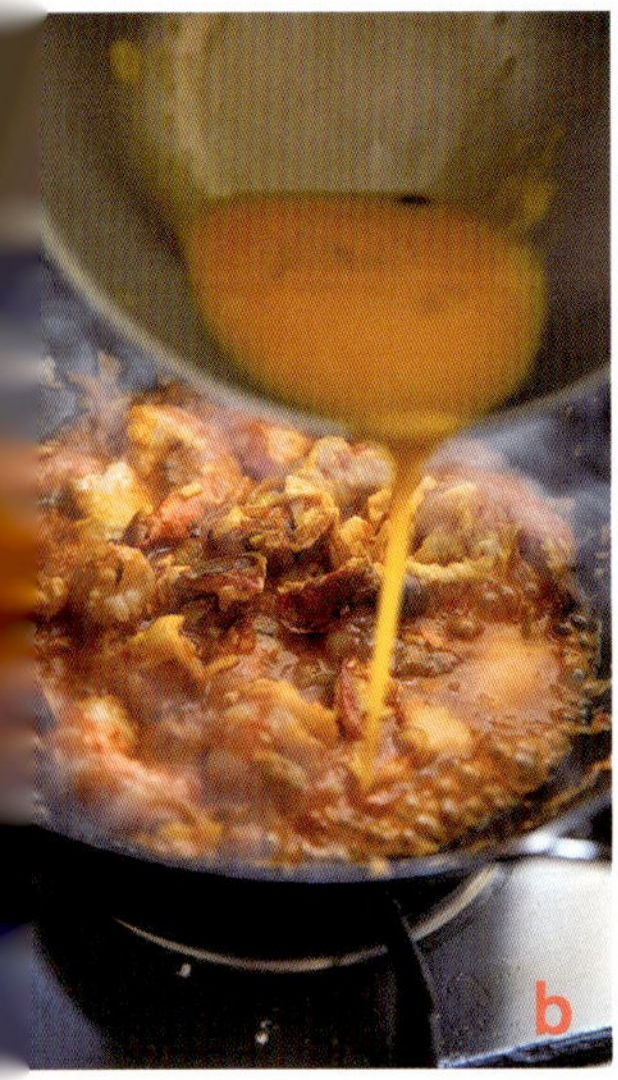
b

作り方

1. えびは殻と背ワタをとり、片栗粉でもみ洗いして汚れを吸着させ、流水で洗ってキッチンペーパーで水けを拭きます。
2. ①にAを順に加えてよくもみ込みます。
3. フライパンにごま油大さじ1を熱し、②を1尾ずつ入れ（a）、表面の卵に焼き色がついたらとり出します。残った卵液はとっておきます。
4. ③のフライパンにごま油少々を熱し、長ねぎ、しょうがを入れて中火でさっと炒め、豆板醤、トマトケチャップを加え、炒めながら水分を飛ばします。鶏ガラスープ、酒を加え、煮立ったら③のえび、酢を加え、約2分したら塩、③の卵液を入れて（b）半熟になるまでからめます。
5. Bの水溶き片栗粉を加えてとろみをつけ、再び煮立ったらごま油大さじ1/2を回しかけます。

＊鶏ガラスープ：鍋に水5カップ、手羽先5本を入れて中火にかけ、煮立ったらアクをとり、弱火にして約15分煮て冷ましたもののうち、1/2カップを使用。または熱湯1/2カップに市販の鶏ガラスープ小さじ1/6を溶かしてもよい。

28 青菜のかに卵白あんかけ

かにの赤が引き立つよう、卵白だけを使ってあんにします。あんを作る際は、先にとろみをつけてから卵白を加えると、ふんわりと仕上がります。

材料（2人分）

卵白　2個分
かに缶　大1缶（125グラム）
青菜（空心菜など）　1束
長ねぎ（みじん切り）　1/3本
しょうが（みじん切り）　1かけ
ごま油　大さじ2
紹興酒（または酒）　大さじ2
水　3/4カップ
A［片栗粉　小さじ2、水　大さじ1］
塩　適量

作り方

1. かに缶は汁けをきってほぐし、缶汁大さじ3をとっておきます。卵白は溶きほぐします。
青菜は長さを半分に切ります。
2. フライパンにごま油小さじ2を熱し、しょうが、長ねぎを入れて中火で炒めます。香りが出てきたらかに缶、紹興酒大さじ1、分量の水を加え、煮立ったらアクをとり、弱火にして約2分煮ます。Aの水溶き片栗粉を加えてとろみをつけ、卵白を少しずつ加えながら（a）菜箸で細かく混ぜて火を通し、缶汁、塩少々で調味してごま油小さじ1を加えます。
3. 別のフライパンにごま油大さじ1を熱し、青菜、紹興酒大さじ1を加え、蓋をして約1分、ときどき炒めながら蒸し（b）、塩少々で調味します。青菜は油と酒で蒸し炒めにすることでうまみを逃がさずに、色よく仕上がります。
4. 器に③を盛り、②をかけます。

29
卵とスモークサーモンのサラダ

(作り方102ページ)

30

かきと卵のグラタン

（作り方103ページ）

b

a

29 卵とスモークサーモンのサラダ

卵色にサーモンのオレンジ、ひすい色のきゅうりが美しい。食感のあるきゅうりは小さめに、サーモンと卵は大きさを揃える。これだけ守ればパーフェクト！

材料（2人分）

固ゆで卵　2個
きゅうり　1本
スモークサーモン　120㌘
塩　小さじ1/3
レモンの搾り汁　1個分
粗びき黒こしょう　少々
オリーブ油　大さじ1
パセリ（みじん切り）　大さじ1

作り方

1. きゅうりはピーラーなどで皮をむき、縦半分に切ってスプーンで種をとり除き、2㌢角に切ります。塩を加えてもみ、5分おいて出てきた水分をキッチンペーパーで拭きます。
2. ゆで卵は殻をむいて3㌢角に切ります。ゆで卵はまな板などの上でコロコロと転がして殻にキズをつけるとむきやすくなります（a）。スモークサーモンは卵の大きさに合わせて3㌢角に切ります。
3. ボウルに①、スモークサーモン、レモンの搾り汁、粗びき黒こしょう、オリーブ油を加え、軽く混ぜます。ゆで卵はくずしたくないので最後に入れ（b）、パセリも加えてさっとあえます。

30 かきと卵のグラタン

ホワイトソースの中からごろりゆで卵、ぷっくりと蒸し焼きになったかきがお目見え。くずしながら食べると口の中で交じり合って、幸せな気分に。

材料（2人分）

固ゆで卵　2個
かき（加熱用）　8〜10個
玉ねぎ（縦薄切り）　1個
グリーンオリーブ　10個
◎ホワイトソース　1カップ
［バター　20グラム、小麦粉　大さじ2、牛乳（常温にもどす）　1 1/4カップ、塩　小さじ1/4、こしょう　少々］
塩　大さじ1＋小さじ1/3
小麦粉　大さじ2
オリーブ油　大さじ1
白ワイン　1/4カップ
粗びき黒こしょう　少々
グリュイエールチーズ（またはピザ用チーズ）　40グラム

作り方

1 ホワイトソースを作ります。フライパンにバターを入れて弱めの中火にかけ、バターが溶けたら小麦粉をふるいながら加え、粉っぽさがなくなるまで炒めます。牛乳を少しずつ加えながら、木ベラで混ぜてなめらかに、を繰り返し、牛乳を全量加えて煮立ててとろみのあるソースにし、塩、こしょうで調味します。

2 ゆで卵は殻をむいて縦半分に切ります。かきは塩大さじ1を振ってやさしくもみ洗いし、流水で3〜4回すすぎ、キッチンペーパーで水けを拭いて小麦粉をまぶしておきます。

3 フライパンにオリーブ油を熱し、かき、玉ねぎを入れて中火で焼きます。かきの両面に焼き色がついたらグリーンオリーブ、白ワインを加え、蓋をして2分蒸し焼きにし、塩小さじ1/3、粗びき黒こしょうを振ります。

4 耐熱皿に③を入れ、ゆで卵をのせ（a）、①をかけ、チーズを振り、220℃に温めたオーブンで約12分焼きます。黒こしょうを振って。

a

31 スンドゥブ チゲ

（作り方106ページ）

31

スンドゥブ チゲ

韓国生まれの豆腐入り鍋です。あさりのだしをベースにしいたけのうまみが加わり、スープ自体にいろいろなおいしさが詰まっています。最後に生卵を落とし、全体に混ぜていただくとまるでソースのよう！　本場に倣って、ご飯にかけて食べるのがお気に入り。

材料（2人分）

卵　1個
生しいたけ　2枚
長ねぎ　1/3本
あさり（砂出し済み）　200グラム
にんにく（せん切り）　1かけ
しょうが（せん切り）　1かけ
絹ごし豆腐　1/2丁（150グラム）
ごま油　大さじ1
紹興酒（または酒）　大さじ2
水　2カップ
コチュジャン・ナンプラー　各小さじ1
みそ　大さじ1
黒いりごま　小さじ2

作り方

1. しいたけは石づきを落としてそぎ切りに、長ねぎは斜め薄切りにします。
2. 鍋にごま油を熱し、にんにく、しょうがを入れて中火で炒めます（a）。にんにく、しょうがは焦がすと苦みが出るので、気をつけながらしっかりと炒めます。香りが出てきたら①を入れてさっと炒めます。
3. 紹興酒、分量の水を加えて煮ます。しいたけから出るうまみを十分に引き出したいので、水からじわじわと煮始めるのがコツ。煮立ったらアクをとり、蓋をして弱火で約8分煮ます。コチュジャン、ナンプラーを加えてなじませ（b）、あさりを入れ、豆腐をスプーンですくって加えます（c）。あさりは煮すぎると身が固くなるのと、豆腐は温まればいいので、この2つはスープに味をつけた後に加えます。最後に卵を落とし入れ（d）、蓋をしてさらに約2分煮て、好みの固さにします。
4. みそを加えて溶かし、味を調えて黒いりごまを振ります。

a
b
c
d

32 さわらの黄身焼き

（作り方 110ページ）

33 いかとせりの黄身酢あえ

(作り方111ページ)

32 さわらの黄身焼き

白みそに卵黄を混ぜ、それをクセが少ないさわらに塗って焼き上げます。おなじみの西京焼きよりも濃厚で、上品な味わいです。

材料（2人分）

さわら　2切れ
塩　小さじ1/3
A［卵黄　1個分、白みそ　大さじ3、みりん大さじ1、塩　小さじ1/3］
ごま油　小さじ1
酒　大さじ2
白いりごま　小さじ2
すだち（輪切り・あれば）　4切れ

作り方

1. さわらは塩を振り、約10分おいて出てきた水けをキッチンペーパーで拭きます。これは切り身魚を使うときの基本の下ごしらえ。臭みをとり除くことができます。
2. ボウルに**A**の材料を入れてよく混ぜ合わせ（**a**）、①の表側の皮目のみに塗ります（**b**）。
3. フライパンにごま油を熱し、②、酒を入れ、蓋をして弱めの中火で約5分蒸し焼きにし、とり出します。蒸し焼きにしてここで魚の8割方に火を入れておくと、ふっくらと仕上がります。
4. 熱した魚焼きグリル、またはオーブントースターに③を入れ、表面に焼き目がつくまで弱火で約5分焼きます。
5. 器に盛り、白いりごまを振り、あればすだちを添えます。

a

b

33 いかとせりの黄身酢あえ

弾力のあるいかと香りが強いせりを合わせ、黄身酢でまとめます。卵黄と酢を使う黄身酢は、例えるなら和風マヨネーズ。コクと酸味のバランスがいいソースです。

a

b

材料（2人分）

いか（するめいか、やりいかなど）　1〜2杯
（約300〜400グラム）
せり　7本
酒　大さじ2
A［卵黄　1個分、白みそ　大さじ3、酢・しょうゆ　各小さじ2、塩　ひとつまみ］

作り方

1 いかは足を引き抜き、軟骨をとり除いて胴の中をきれいに洗います。胴は皮をむき、1センチ幅の筒切りにします。足はワタと切り離し、塩適量（分量外）でもみ洗いし、流水で洗って水けを拭きます。

2 たっぷりの熱湯に酒を入れ、①を入れて約1分30秒ゆで、火を止めます。鍋に入れたまま約5分おいて余熱で火を通し（a）、ざるに上げて水けをキッチンペーパーで軽く拭きます。いかのたんぱく質は40〜60℃で固まるので、高温で長時間加熱するとかたくなってしまいます。そのため、余熱で火を通すことでやわらかく仕上げるのです。熱湯に酒を入れるのはいかの臭み抜きのため。

3 Aをよく混ぜ合わせて、黄身酢を作ります（b）。

4 せりは4センチ長さに切ります。

5 ③に②、④を加え、あえます。

34 アンチョビーとゆで卵のクスクスタブレ

クスクスのサラダには、食感の違うゆで卵や玉ねぎを合わせて、そのコントラストを楽しみます。アンチョビーの塩けをプラスすると、味がピシッと締まります。

材料（2人分）

固ゆで卵　2個
クスクス（乾燥）　½カップ
赤玉ねぎ　⅓個
アンチョビーフィレ　4枚
A［塩　小さじ⅓、オリーブ油　大さじ1］
レモンの搾り汁　大さじ2
B［パセリ（みじん切り）　大さじ2、粗びき黒こしょう　少々、オリーブ油　大さじ2］

作り方

1. クスクスはAを加えて混ぜ、熱湯½カップ（分量外）を加えてさらに混ぜ、アルミホイルをかぶせて約10分蒸らします。
2. 赤玉ねぎはみじん切りにして水に約3分さらし、ざるに上げてキッチンペーパーで水けを拭きます。アンチョビーをみじん切りにします。
3. ①に②とレモンの搾り汁を入れて、よくあえてなじませます。
4. ゆで卵を3チセン角に切り、③に加え、Bを加えてさっと混ぜ合わせます。

"TAMAGO" OYATSU BOOK

たまごおやつブック

手作りのおやつがあると、それだけでうれしいもの。
お菓子ではなくおやつ。だから、難しいものは一つもありません。
混ぜて焼くだけ、混ぜて凍らせるだけ……。
手作りのおやつは入っているものがはっきりしているから、
安心して食べられるのもうれしい。
卵のコクや濃厚さがおいしさのカギを握る、日々のおやつです。

でかプリン

わ〜っという歓声が聞こえてきそうな
大きなプリンは、いつの時代もみんなの憧れ。
ほろ苦いカラメルソースと
卵風味いっぱいのカスタード生地が溶け合うと、
一瞬にして笑顔になります。

材料（直径15cmの丸型1台分）

卵　3個
卵黄　2個分
てんさい糖＊（または砂糖）60g
バニラビーンズ　½本
牛乳　2½カップ
◎カラメルソース
　グラニュー糖　60g
　湯　大さじ1

＊てんさい糖：さとう大根（ビート）が原料。
まろやかで上品な甘さが特徴。

準備

・オーブンは150℃に予熱しておく

カラメルソースは茶色く色づいてきたら湯を加え、鍋を揺すりながらなじませる。

型から外すときは、底を湯で温めてからナイフを型の縁に刺し入れて、ぐるりと一周させる。

型に皿をかぶせて返し、上下を2〜3回振って型からとり出す。

作り方

1 カラメルソースを作る。小鍋にグラニュー糖を入れて中火にかける。煮立つまでは揺すらず、泡が大きくなってパチパチと弾けてきたら、ときどき鍋を静かに揺する。水分が飛んで色づき始めたら目を離さず、砂糖が完全に溶けて茶色く色づいてきたら火を止め、分量の湯を加えてなじませる。熱いうちに型に流し入れ、固まるまでおく。

2 ボウルに卵、卵黄、てんさい糖を入れ、よく混ぜ合わせる。バニラビーンズは縦に1本切り目を入れて中の黒い粒をナイフなどでこそげとりながら加え、さらに混ぜる。さやはとりおく。

3 小鍋に牛乳、バニラビーンズのさやを入れて中火にかけ、フツフツとしてきたら火を止める（沸騰させない）。②に少しずつ加え、よく混ぜ合わせる。

4 ③を茶濾しなどで濾しながら①に流し入れる。オーブンの天板にのせ、湯を天板の高さ1.5cmくらいまで注ぎ、150℃のオーブンで約60分蒸し焼きにする。粗熱がとれたら、冷蔵庫で冷やす。

5 バットなどに湯を入れて④の型の底面をさっと温め、型の縁にナイフを刺し入れて器にとり出す。

マーラーカオ

濃厚な味わいの中国の蒸しパン・マーラーカオ。
ココナッツオイルで甘い香りをつけ、
豆乳であっさりとした味わいにしました。
蒸したてのアツアツがおいしいので、
でき立てをどうぞ。

作り方

1. 小麦粉とベーキングパウダーは合わせてふるう。
2. ボウルに卵、てんさい糖、ココナッツオイル、豆乳を入れてよく混ぜ、①を加えてダマがなくなるまでゴムベラでよく混ぜ合わせる。
3. 型に②を流し入れ、型をトントンと数回落として空気を抜く。
4. 蒸気の上がった蒸し器に③をのせ、強火で約25分蒸す。ベーキングパウダーを生地に混ぜたら、すぐに蒸すのがコツ。

材料（直径15cmの丸型1台分）

小麦粉　120g
ベーキングパウダー　小さじ2
卵　3個
てんさい糖＊（または砂糖）　70g
ココナッツオイル　大さじ3
豆乳　大さじ3

＊てんさい糖：さとう大根（ビート）が原料。
まろやかで上品な甘さが特徴。

準備

・型にオーブンシートを敷き込む

材料（20cm × 20cm の角型 1 台分）

アーモンドプードル　200g
無塩バター　100 g
てんさい糖*（または砂糖）　70g
卵　3 個
卵黄　2 個分
ラム酒（またはブランデー）　大さじ 3

*てんさい糖：さとう大根（ビート）が原料。
まろやかで上品な甘さが特徴。

準備

・バターは常温にもどしておく
・型にオーブンシートを敷き込む
・オーブンは 180℃に予熱しておく

作り方

1 ボウルにバターを入れてやわらかくし、てんさい糖を加えて泡立て器で白っぽくなるまでよく混ぜる。
2 ①に卵、卵黄を加えて混ぜ、ラム酒、アーモンドプードルを加えてゴムベラでさらに混ぜ合わせる。
3 型に②を流し入れ、型をトントンと数回落として空気を抜く。
4 180℃のオーブンで約 35 分焼く。

アーモンドと卵のケーキ

小麦粉はいっさい使わず、アーモンドプードルで作る、
私の大のお気に入りレシピ。
しっとり感とアーモンドの香ばしさがたまらなく、
ついつい一度にたくさん食べてしまいます。

トライフル

残り物のスポンジケーキやフルーツ、
クリームを重ねたのが始まりのトライフル。
手作りのカスタードクリームを盛り合わせたら、
それだけでごちそう！

作り方

1 カスタードクリームを作る。ボウルに卵黄、てんさい糖を入れて泡立て器ですり混ぜ、小麦粉をふるって加え、粉っぽさがなくなるまで混ぜる。

2 小鍋に牛乳を入れて中火にかけ、煮立つ直前で火を止める。

3 ①のボウルに②を少しずつ加え、泡立て器で混ぜる。濾しながらフライパンに入れて弱火にかけ、木ベラで混ぜながらとろみがつくまで混ぜる。バットに平らに広げ、ラップをピタリと貼りつけて、粗熱がとれたら冷蔵庫で冷やす。

4 ボウルに生クリームを入れ、泡立て器で角が立つくらいまで泡立てる。カステラは食べやすい大きさに切る。

5 器に冷えた③を適量入れ、カステラをのせてラム酒を振る。④の生クリームを添え、シナモンパウダーを振る。

材料（4人分）

◎カスタードクリーム（作りやすい分量）
⇒うち1カップ分使用

- 卵黄　3個分
- てんさい糖＊（またはグラニュー糖）
　大さじ3
- 小麦粉　大さじ2
- 牛乳　1½カップ

生クリーム　½カップ
カステラ（市販品）150g
ラム酒　大さじ1
シナモンパウダー　少々

＊てんさい糖：さとう大根（ビート）が原料。まろやかで上品な甘さが特徴。

カスタードクリームの作り方

卵黄とてんさい糖、小麦粉を混ぜたものに、温めた牛乳を少しずつ加えて混ぜる。

濾しながらフライパンに入れる。火の通りが均一になるので、フライパンは表面積が広いものがおすすめ。

たえず混ぜながら火にかけ、ダマがなくなるまで火を通す。木ベラでスーッと線が描けるくらいにとろみをつける。

アイスクリン

シャリシャリとした食感と、
濃厚なカスタード味の2つが楽しめます。
材料をすべて混ぜて冷凍し、
途中で混ぜるのを繰り返すだけ。
とっても簡単で、すぐにでもまた作りたくなるおやつ。

材料（2人分）

卵黄　2個分
牛乳　1½カップ
てんさい糖*（または砂糖）　¼カップ
ラム酒　大さじ2

*てんさい糖：さとう大根（ビート）が原料。
まろやかで上品な甘さが特徴。

作り方

1. ボウルに材料をすべて入れて混ぜ、ざるで濾す。
2. 保存容器などに①を入れ、冷凍庫で1時間冷やす。フォークなどで全体を混ぜて再び冷凍庫に入れる、を2回繰り返し、空気を含ませるように混ぜ、ふんわりとさせる。
3. 器やコーンカップなどに入れる。

PART.4

ごはん めん × たまごソース

ごはんまたはめん、そして卵があれば、それだけで満足感のある料理が完成します。そう、卵ってとても頼りになるのです。ポンと生のままのせるだけ、焼いてくるんでもいいし、一緒に煮てもいい。ごはん or めんと卵の新しい組み合わせを見つけてください。

35

オムライス

（作り方124ページ）

35 オムライス

オムライスは、オーソドックスなタイプが私も家族も好み。くるむのが難しいと思われがちですが、少しくらい不格好になっても、最後にペーパーで整えれば大丈夫です。チキンライスのケチャップは水分を飛ばす、卵は大きく混ぜて半熟にする、この2点に注意して。

材料（2人分）

卵　4個
◎チキンライス
ごはん　茶碗2杯分
鶏胸肉　200グラム
玉ねぎ　½個
オリーブ油　小さじ2
白ワイン　¼カップ
トマトケチャップ　大さじ4
塩　小さじ1
粗びき黒こしょう　少々
オリーブ油　少々
バター　20グラム
トマトケチャップ、イタリアンパセリ（生）　各適量

作り方

❶ チキンライスを作ります。鶏肉、玉ねぎは2センチ角に切ります。ごはんが冷めている場合は、電子レンジで人肌程度に温めておきます。

❷ フライパンにオリーブ油を熱し、鶏肉、玉ねぎを中火で炒め、全体に焼き色がついたら白ワインを加え、煮立ったら具材をとり出します。

❸ ②のフライパンにケチャップを入れて中火にかけ、水分を飛ばします（a）。ケチャップの水分が残っているとごはんがベタついた仕上がりになってしまうため、あらかじめ水分を飛ばすのです。そこに②の具材を戻し入れて炒め合わせ、ごはんを加えてさらに炒め合わせます。全体にケチャップが回ったら塩、粗びき黒こしょうで調味し、とり出します。

❹ 卵は1人分ずつ焼きます。ボウルに卵2個を溶きほぐします。フライパンにオリーブ油少々、バター10グラムを入れて中火で熱し、バターが溶けたら卵を一気に流し入れ、菜箸で大きく混ぜます（b）。フライパンの縁も利用しながら全体に広げるようにし、半熟状に火を通します。

❺ 中央に③の半量をのせ（c）、手前と向こう側の卵を中央に折ってかぶせ（d）、フライパンをお皿に返してのせます（e）。

❻ キッチンペーパーでくるんで形を整えます（f）。もう1人分も同様に。ケチャップをかけ、イタリアンパセリを刻んでかけます。

c
b
a
f
e
d

36

半熟卵天丼

（作り方１２８ページ）

37 エスニック卵粥

（作り方 129ページ）

36
半熟卵天丼

カリカリの衣から出てくるとろ～りとした黄身、そこに天つゆの甘辛味が重なり合います。衣をつける前に下粉をしっかりとつけると失敗がありません。

a

b

材料（2人分）

温かいごはん　丼2杯分
卵　2個
塩　ひとつまみ
小麦粉　大さじ1
A［小麦粉　大さじ4、冷水　80㎖］
揚げ油　適量
B［だし汁　½カップ、しょうゆ　大さじ2、みりん　大さじ1］
紅しょうが　適宜

作り方

1 卵は常温にもどし、塩を入れた熱湯に入れ、約7分ゆでて冷水にとり、殻をむきます。

2 ①の表面に破裂防止の穴を竹串で4～5カ所開け、小麦粉を全体にまぶします（a）。ここで小麦粉をしっかりとつけておくことで衣のつきがよくなります。

3 Aの衣を粉が残る程度にざっくりと混ぜ、②を入れて全体につけ、170℃の揚げ油に入れて（b）、こんがりするまで揚げます。揚げ油に入れるときは、お玉にのせてから入れると安心です。

4 小鍋にBを入れて火にかけ、煮立ったら火を止めます。

5 丼にごはんを盛り、③をのせ、④を回しかけます。好みで紅しょうがを添えて。

37 エスニック卵粥

白身も黄身もとろりとした温泉卵は、うちのお粥の必須アイテム。ピーナッツと共に、クックツとやわらかく煮たお粥のアクセントに最適なんです。

材料（2人分）

米　1/2合（90㎖）
卵　2個
香菜　5本
ピーナッツ　大さじ2
だし汁　4カップ
酒・ナンプラー　各大さじ1
ごま油　少々

作り方

1. 米はさっと洗います。鍋に入れ、だし汁、酒を加えて中火にかけます。煮立ったら蓋をして弱めの中火にし、ときどき混ぜながら30〜40分煮て、ナンプラーで味を調えます（a）。ナンプラーを加えるだけでうまみがぐんと増します。
2. 温泉卵を作ります。鍋またはボウルに熱湯1 1/2カップと水1カップを入れてぬるま湯にし、卵をお玉などにのせてそっと入れ（b）、火にかけずにアルミホイルをかぶせて約12分放置します。卵黄は65〜70℃で、卵白は60〜80℃で固まってしまうので、高温にならないように火は止め、なおかつ冷めないようにアルミホイルをかぶせておきます。
3. 香菜はざく切りにし、ピーナッツも粗く刻みます。
4. 器に①を盛り、②を割ってのせ、③を振り、ごま油を回しかけます。

a

b

38

素揚げれんこんと卵のチャーハン

（作り方132ページ）

39

えびときのこの天津めん

(作り方133ページ)

38

素揚げれんこんと卵のチャーハン

こんがりと香ばしく揚がったれんこんの歯ごたえが楽しいチャーハンです。卵は半熟状に炒めたらとり出し、最後に戻し入れて、ふわふわをキープ！

材料（2人分）

ごはん　茶碗2杯分
卵　2個
れんこん　200グラム
長ねぎ（みじん切り）　1/3本
揚げ油　適量
ごま油　大さじ1
塩　小さじ1/3
しょうゆ　小さじ1
白いりごま　適量

作り方

1. ごはんが冷めている場合は、電子レンジで人肌程度に温めておきます。れんこんは皮つきのまま乱切りにし、水に2分さらしてざるに上げ、キッチンペーパーで水けを拭きます。
2. 冷たい揚げ油にれんこんを入れ、中火にかけます（a）。れんこんは火が通るのに時間がかかるので、じっくり火を通すために冷たいうちに油に入れます。約5分してこんがりと色づいたら油からとり出し、油をよくきります。
3. ボウルに卵を溶きほぐします。中火でごま油を熱したフライパンに一気に入れ、大きく混ぜて半熟状に火を通し、とり出します（b）。
4. ③のフライパンに長ねぎを入れて炒め、香りが出てきたらごはん、②を加えて炒め合わせます。ごはんは焼きつけるように炒めるのがコツ。塩を入れ、しょうゆは鍋肌から加えて、全体に合わせます。③を戻し入れ、さっと全体に炒め合わせます。器に盛り、白いりごまを振って。

a

b

39 えびときのこの天津めん

具だくさんの卵焼きと甘酸っぱいあん、鶏肉のだし、つるつるのめん。好きなもののオンパレード！　おいしく作るコツは、主役の卵をこんがり焼くこと。

材料（2人分）

中華めん　2玉

◎卵焼き

卵　4個、えび（ブラックタイガーなど）　8尾

しめじ　50《グラム》

生しいたけ　3枚

片栗粉　大さじ2

しょうが（せん切り）　1かけ

紹興酒（または酒）　大さじ1

しょうゆ　大さじ1

ごま油　大さじ2

A：あん［しょうゆ、みりん　各大さじ1、水½カップ、酢・片栗粉　各小さじ2］

B：スープ［鶏ガラスープ＊　3カップ、紹興酒（または酒）　大さじ1、しょうゆ　小さじ2、塩小さじ¼］

作り方

① えびは殻と背ワタをとり、片栗粉でもみ洗いして汚れを吸着させ、流水で洗ってキッチンペーパーで水けを拭き、3〜4等分に切ります。しめじは石づきを落として長さを半分に切り、しいたけは石づきを落として細切りにします。

② ボウルに卵を割りほぐし、①、しょうが、紹興酒、しょうゆを加えて混ぜ合わせます。

③ 卵は1人分ずつ焼きます。小さめのフライパンにごま油大さじ1を熱し、②の半量を入れて中火で焼きます。菜箸などで大きく混ぜながら全体に広げ、半熟状になったら弱火にして約7分焼きます。まな板などの平らなものをかぶせてひっくり返してとり出し、スライドさせるようにしてフライパンに戻し入れ、さらに4分焼きます。これを2つ作ります。

④ 小鍋にAを入れて弱めの中火にかけ、煮立つまでヘラで混ぜながら火を通してとろみをつけます。

⑤ 鍋にたっぷりの熱湯を沸かし、中華めんを入れて袋の表示通りにゆでて、湯をきって器に入れます。

⑥ 鍋にBを入れて火にかけ、煮立ったら火を止めて⑤に注ぎます。③をのせ、④をかけます。

＊鶏ガラスープ：鍋に水5カップ、手羽先5本を入れて中火にかけ、煮立ったらアクをとり、弱火にして約15分煮て冷ましたもの。または熱湯½カップに市販の鶏ガラスープ小さじ½を溶かしてもよい。

40 サンラータン風ラーメン

（作り方136ページ）

41
あさりと卵白のにゅうめん

（作り方137ページ）

40 サンラータン風ラーメン

酸っぱくて辛い味に、ふわふわ卵。スープとしておなじみですが、めんにかけたらそれだけで大満足の一品になります。ラー油はお好みでどうぞ。

材料（2人分）

中華めん　2玉
卵　2個
豚ロース薄切り肉（細切り）　150㌘
えのきだけ（3㌢長さ）　50㌘
長ねぎ（斜め切り）　1/3本
A［しょうが（せん切り）　1かけ、豆板醤　小さじ1/2］
片栗粉　大さじ2
ごま油　大さじ1
B［酒・酢　各大さじ2、水　2 1/2カップ］
C［しょうゆ　大さじ1、塩　小さじ1/4］
粗びき黒こしょう・ラー油　各適量

作り方

① 豚肉に片栗粉をまぶします（a）。肉のうまみが逃げず、スープのとろみになります。

② 鍋にごま油を熱し、Aを入れて中火で炒めます。香りが出てきたら豚肉を入れて炒め、色が変わったらえのき、長ねぎを加えてさっと炒めます。

③ ②にBを加え、アクをとりながら煮立て、蓋をして弱火で約6分煮ます。Cを加えて調味し、卵を溶きほぐして細長く流し入れ（b）、半熟になったら火を止めます。

④ 別の鍋にたっぷりの熱湯を沸かし、中華めんを入れて袋の表示通りにゆでます。湯をよくきって器に入れ、③を注ぎ入れ、粗びき黒こしょうを振り、好みでラー油を加えます。

41
あさりと卵白のにゅうめん

あさりのうまみが利いた、やさしい味の汁めん。にゅうめんは味わいが控えめななので、全卵よりも卵白を回し入れるのがちょうどいい気がします。

材料（2人分）

そうめん　3束（150グラム）
卵白　2個分
あさり（砂出し済み）　200グラム
しょうが（せん切り）　1かけ
だし汁　2½カップ
酒　大さじ2
ナンプラー　小さじ2

作り方

1. 鍋にだし汁、酒、しょうがを入れ、中火にかけます。煮立ったらあさりを加え（a）、再び煮立ったらアクをとり、蓋をしてあさりの口が開くまで約2分煮ます。
2. 卵白を溶きほぐして①に少しずつ加え、菜箸で卵白を切るようによく混ぜます（b）。再び煮立ったら、ナンプラーで調味します。
3. 別の鍋にたっぷりの熱湯を沸かし、そうめんを入れて袋の表示通りにゆでます。ざるに上げて流水でぬめりをよくとり、水けをきって器に盛り、②をかけます。

42 揚げエシャロットと目玉焼きごはん

揚げたエシャロットが香ばしく、食欲を誘います。縁をカリカリに焼いた目玉焼きとコンビでごはんにのせれば、もう十分。お腹も心も満たしてくれます。

材料（2人分）

温かいごはん　茶碗2杯分
卵　2個
エシャロット　4本
揚げ油　適量
ごま油　小さじ2
A［黒酢　大さじ1、しょうゆ　小さじ2］

作り方

1. エシャロットは小口切りにします。170℃に熱した揚げ油に入れ、きつね色になるまでカラッと揚げます。
2. フライパンにごま油を熱し、卵を割り入れ、約3分焼いて半熟の目玉焼きを作ります。
3. 器にごはんを盛り、②、①を順にのせ、合わせたAをかけます。

43 甘じょうゆ漬け卵黄のせごはん

卵黄をしょうゆ液に漬けると、ねっとり濃厚な味に。温かいごはんとの相性はいわずもがな。しょうゆ、みりん、酒の代わりにみそに漬けてもおいしいです。

材料（2人分）

温かいごはん　茶碗2杯分
卵黄　2個分
A［しょうゆ　1/4カップ、みりん　大さじ2、酒　大さじ1］

作り方

1. 小さい鍋にAを入れ、弱めの中火にかけ、煮立ったら火を止めます。
2. ①の粗熱がとれたら保存容器に入れ、卵黄をそっと入れて漬け、30分～一晩冷蔵庫におきます。みそに漬ける場合は、保存容器にみそを入れ、さらしやガーゼを敷いた上に卵黄を落とし、蓋をして冷蔵庫で1～2時間おきます。
3. 茶碗にごはんを盛り、②をのせます。

44 わが家のTKG

「TKG」とは卵かけごはんのこと。私流はしょうゆとみりん同量を煮詰め、とろりとさせつつコクを出したたれをかけます。仕上げの粉山椒もマスト。

材料（2人分）

温かいごはん　茶碗2杯分
卵　2個
A（作りやすい分量）［みりん・しょうゆ　各1/4カップ］
粉山椒　少々

作り方

1. 小さい鍋に**A**を入れて弱めの中火にかけ、煮立たせます。煮立たせることでみりんのアルコール分を飛ばし、うまみと風味、ほのかな甘味を残します。ただ混ぜるだけだとアルコール分が残り、少し苦みがあります。
2. 茶碗にごはんを盛り、卵を割り落とし、①を好みの分量かけて粉山椒を振ります。ごはんは必ず、炊き立ての温かいごはんで！

何もない日のお助けごはんです。味が出るちくわを甘辛味で煮て、卵でとじるだけ。ごはんにドンとのせたらでき上がりです。ちくわの代わりにかまぼこでも。

材料（2人分）

温かいごはん　丼2杯分
卵　4個
長ねぎ　1/3本
三つ葉　6本
ちくわ　4本
だし汁　1 1/2カップ
酒・みりん・しょうゆ　各大さじ1
白いりごま　適量

作り方

1. 長ねぎは小口切りに、三つ葉はざく切りに、ちくわは小口切りにします。ボウルに卵を溶きほぐします。
2. フライパンに長ねぎ、ちくわ、だし汁、酒、みりんを入れ、中火にかけます。煮立ったらアクをとり、しょうゆを加えて1〜2分煮て、卵を回し入れて蓋をして約40秒、卵が半熟になるまで煮ます。
3. 丼にごはんを盛り、②をのせ、三つ葉をのせ、白いりごまを振ります。

45 ちくわとねぎ、三つ葉の卵とじ丼

材料別 INDEX

・卵と組み合わせている材料から選べます。
・材料項目内の料理名は掲載順です。

カテゴリー別 INDEX

・カテゴリー項目内の料理名は掲載順です。

食《しょく》の方程式《ほうていしき》 たまごブック

たまご
×
ワタナベマキ
=
ソース

NDC 596

2019年1月28日　発　行

著　者　ワタナベマキ

発行者　小川雄一
発行所　株式会社 誠文堂新光社
〒113-0033　東京都文京区本郷3-3-11
（編集）TEL 03-5800-3614
（販売）TEL 03-5800-5780
http://www.seibundo-shinkosha.net/
印刷・製本　大日本印刷株式会社

©2019, Maki Watanabe.
Printed in Japan
検印省略　禁・無断転載
落丁・乱丁本はお取り替え致します。

本書のコピー、スキャン、デジタル化等の無断複製は、著作権法上での例外を除き、禁じられています。本書を代行業者等の第三者に依頼してスキャンやデジタル化することは、たとえ個人や家庭内での利用であっても著作権法上認められません。

本書に掲載された記事の著作権は著者に帰属します。これらを無断で使用し、展示・販売・レンタル・講習会などを行うことを禁じます。

JCOPY 〈（一社）出版者著作権管理機構 委託出版物〉
本書を無断で複製複写（コピー）することは、著作権法上での例外を除き、禁じられています。本書をコピーされる場合は、そのつど事前に、（一社）出版者著作権管理機構（電話 03-5244-5088／FAX 03-5244-5089／e-mail:info@jcopy.or.jp）の許諾を得てください。

ISBN978-4-416-51918-9

ワタナベマキ

グラフィックデザイナーを経て料理家に。日々を大事にしたいとの思いから、2005年に「サルビア給食室」を立ち上げ、料理の活動を始める。作りやすく丁寧な料理、毎日の暮らしから生まれる作り置きなどが人気。ナチュラルでセンスのあるライフスタイルにもファンが多い。著書は『作り込まない作りおき』（KADOKAWA）、『アジアのサラダ』（主婦と生活社）、『旬彩ごよみ 365 日』（小社）など多数。本書は小社刊『玉ねぎ×ワタナベマキ＝だし・うまみ』『じゃがいも×ワタナベマキ＝食感』に続く、「食の方程式」シリーズの第 3 弾。

撮影：新居明子
デザイン：福間優子
スタイリング：池水陽子
カバーイラストレーション：ほりはたまお
編集：飯村いずみ
校正：ヴェリタ
プリンティングディレクション：山内 明（大日本印刷）

参考文献
『もっとおいしく、ながーく安心 食品の保存テク』徳江千代子監修 朝日新聞出版
『タマゴの歴史』ダイアン・トゥーブス著 村上彩訳 原書房
『肉・卵図鑑 旬の食材別巻』講談社
『日本の食材帖』山本謙治、ぼうずコンニャク監修 主婦と生活社
『楽しい食品成分のふしぎ 調理科学のなぜ？』松本仲子監修 朝日新聞出版
『毎日役立つ からだにやさしい 薬膳・漢方の食材帳』薬日本堂監修 実業之日本社